불안한 당신에게

불안한 당신에게

anxiety free

내 안의 공황과 이별하는 20가지 방법

대한불안의학회 지음

생각속의집

우리를 불안하게 하는 것은
상황 자체가 아니라
그 상황을 바라보는 방식이다.

– 에픽테투스 Epictetus

추천의 말

나의 아픔은 노래가 되었다

가수로서 최고의 전성기를 누리던 2003년. 나는 예전과는 달리 더 이상 내 노래에 배고픔이 없다는 생각이 들었다. 7년간 무명 생활 후 수년간 넘치는 사랑을 받으며 인기가수로 살고 있던 때였다. 좋은 옷을 입고 편안하게 살면서 부족함 없이 지내다보니, 어느 날 내 노래가 전혀 슬프지 않게 느껴졌다. '그래, 다시 한 번 제대로 바닥을 쳐보자' 결심한 나는 3,000달러만 들고 무작정 미국으로 떠났다. 공황장애가 찾아온 것은 바로 그때였다. 낯선 곳에서 혼자 힘들게 생활하는 나에게 극한의 공포가 찾아왔고, 나는 말로 표현할 수 없는 고통에 시달렸다. 미국에서 홀로 공포와 싸우는 동안, 나는 인생의 벼랑 끝에 몰린 느낌이었다. 갖고 있던 3,000달러 중 약값으로 800달러를 썼지만, 한번 찾아온 불안은 쉽게 사라지지 않았다.

공황장애의 고통으로 의도치 않게 바닥을 치게 된 나는, 이를 계기로 인기가수로서 살아왔던 화려한 삶을 돌아볼 수 있었다. 또한 노래하는 가수로서 이 아픔과 고통이 나의 노래를 변화시킬 것이라는 생각에 감사한 마음도 들었다. 앞으로의 날들이 걱정되면서도 다시 진심을 담아 노래를 부를 수 있다는 기대로 한편 설레기도 했다.

그러나 공황장애를 안고 살아가는 하루하루는 내가 생각했던 것만큼 녹록치 않았다. 말로 표현할 수 없는 공포가 하루하루 이어졌다. 심장이 뛰고, 숨을 못 쉬는 상태가 지속되면 정말 두려운 마음에 죽고 싶다는 생각만 들 뿐이었다. 잊을 만하면 한 번씩 찾아오는 공황장애로 가수 활동에 지장을 받기도 했고, 애정을 갖고 준비하던 독도 행사도 공황장애 재발로 취소되기도 했다. 하지만 나는 숨지 않고 계속해서 부딪혔다. 숨을 죄어오는 공포에 한없이 나약한 생각이 들 때도 있었지만, 나는 무릎 꿇고 싶지 않았다.

2013년 2월, 나는 독도에 세 번째 입도했다. 공황장애와 고소공포증을 앓고 있는 나에게 헬기를 타고 독도에 들어가는 일은 생각보다 쉽지 않았지만, 약을 먹고 과감히 헬기에 올랐고 마침내 독도에 발을 딛는 데 성공했다. 독도 지킴이라는 영광스런 타이틀에 충실하고 싶었던 나의 뜨거운 열정과 간절함 앞에 공포와 불안은 활개를 펴지 못했다.

처음 내가 공황장애를 앓고 있다고 이야기할 때만 해도, 사람들은 공황장애가 뭔지 몰라 낯설어했고, 내가 이상한 병을 앓고 있다고 수근거리기도 했다. 하지만 최근엔 공황장애가 일명

'연예인병'이라고 불릴 정도로 많은 동료 연예인들이 공황장애를 앓았다고 솔직히 고백함으로써, 공황장애에 대한 사람들의 인식과 편견이 과거와는 많이 달라졌다. 나는 이런 현상이 무척이나 반갑다. 공황장애는 꼭꼭 숨겨야 하는 병이 아니며, 감기처럼 우리 몸에 생길 수 있는 하나의 질병일 뿐이기 때문이다.

이런 의미에서 공황장애를 겪은 분들의 이야기가 책으로 출간된다는 소식을 듣고 무척 기뻤다. 공황장애에 대한 다양한 사회적 관심이 공황장애로 힘들어하는 수많은 사람들을 위로하고, 그들이 병을 극복하는 데 큰 도움을 줄 것이기 때문이다. 실제 불안과 공포를 겪었던 사람들의 생생한 경험, 처음엔 병을 인정하지 않고 안으로 꼭꼭 숨어들었던 그들이 점차 한 걸음 한 걸음 세상 밖으로 나오는 과정, 그리고 용감하게 공황장애를 마주하고 마침내 극복하는 짜릿함까지! 투병기 한 편 한 편이 나를 눈물짓게 하고, 또 흐뭇하게 미소 짓게 했다.

나에게 공황장애라는 아픔은 단지 아픔으로 끝나지 않고 음악이 되었다. 그로 인해 나는 삶의 아픔이, 슬픔이, 그리고 기쁨이 담긴 진심 어린 음악을 만들 수 있게 되었다. 물론 때때로 덮쳐오는 공포에 죽을 만큼 힘들기도 하지만, 나는 이것이 누군가가 나에게 준 축복이라고 생각한다. 그래서 나는 감히 단언한다. 공황장애로 고통 속에 있는 모든 분들이, 나와 같이 삶에서 무언가 크게 얻는 것이 있을 거라고. 단지 아픔은 아픔으로 끝나지 않을 거라고.

마지막으로 공황장애를 겪고 있는 모든 분들의 쾌유와 행운을 빌며, 이 책이 그분들에게 도움이 되길 진심으로 바란다.

사노라면 언젠가는 밝은 날도 오겠지
흐린 날도 날이 새면 해가 뜨지 않더냐
한숨일랑 쉬지 말고 가슴을 쫙 펴라
내일은 해가 뜬다! 내일은 해가 뜬다

가수 김장훈

프롤로그

불안의 거센 파도를 헤쳐서

K는 사회적으로 성공한 대기업 간부였습니다. 사랑하는 가족이 있고 경제적으로도 풍족했습니다. 하지만 그의 성공적인 삶 뒤에는 남모르는 깊은 상처가 있었습니다.

"가족과 함께 해외여행을 떠나본 지도 꽤 오래되었습니다. 이제는 같이 여행을 가자는 말도 하지 않습니다."

비행기를 타기 위해 공항에 들어서는 순간, 여러 번 발작을 경험한 후로는 아예 여행 자체를 머릿속에서 지워버렸다고 했습니다. 심지어 가족들이 여행을 떠나고 없는 동안 혼자 집에 남아 있어도 불안감은 가시지 않았습니다. 혹시 사고라도 나지 않을까 하는 불안감 때문에 잠도 편히 자지 못할 정도로 그의 증세는 심각했습니다.

"아이들이 더 크기 전에 한 번만이라도 같이 여행을 가보고 싶습니다."

상담 결과 그는 전형적인 공황장애 환자였습니다. 그는 불안의 공포로부터 벗어나고 싶었지만 그 방법을 몰랐다고 했습니다. 이런 그의 생각 뒤에는 정신건강의학과 질환에 대한 뿌리 깊은 편견이 숨어 있었습니다. 혹시라도 정신건강의학과 치료를 받은 병력이 앞으로 자신의 경력에 피해가 되지나 않을까 염려했던 것입니다. 환자를 대하는 입장에서 매우 안타까운 일이 아닐 수 없습니다.

이처럼 복잡한 사회를 살아가는 현대인의 정신건강은 날로 늘어가는 스트레스, 불안, 긴장 등으로 크게 위협받고 있습니다. 그 때문에 마음으로부터 기인한 질병들도 크게 증가했습니다. 최근에는 유명 연예인들이 공황장애로 죽음의 문턱까지 다녀왔다는 고백이 잇따르며 공황장애에 대한 관심이 뜨거워지고 있습니다. 하지만 그 뜨거운 관심에 비해 공황장애에 대한 사람들의 이해는 턱없이 부족한 것이 현실입니다.

공황장애는 특정한 이유 없이 갑자기 일어나는 공포 및 생명에 위협을 느낄 정도의 불안감을 경험하는 대표적인 불안장애 중 하나입니다. 이제는 전 인구의 약 5퍼센트 이상에서 증세를 느낄 정도로 흔한 질병입니다. 국민건강관리공단에 의하면 최근 5년 사이 공황장애 발병률은 연평균 10퍼센트 증가했으며, 지난해 집계된 환자 수가 약 6만 명에 가까울 정도로 크게 늘어났습니다.

일반적으로 공황발작이 오면 죽을 것 같은 극도의 불안과 공포를 느끼다가 시간이 지나면서 발작 순간을 벗어나면 증세는 감쪽같이 사라집니다. 그 때문에 가족 등의 주위 사람들로부터 종종 꾀병이라는 오해를 받거나, 또 제때에 치료를 받지 못해서 병을 키우기 쉽습니다. 이런 이유로 공황장애를 앓고 있으면서도 그것이 공황장애라는 사실을 모르는 사람이 많을 뿐 아니라, 알고 있다 하더라도 정신건강의학과 질환에 대한 선입견으로 자신이 공황장애라는 것을 인정하지 않거나 숨기는 사람들이 많습니다. 매우 안타까운 현실이 아닐 수 없습니다.

공황장애의 발병 원인에 대해서는 아직 자세히 밝혀지지 않았지만, 확실한 것은 스트레스가 공황장애를 유발시키는 요인 중에 하나라는 것입니다. 많은 연예인들이 공황장애를 겪은 것도 바로 이 때문입니다. 인기를 지키기 위해 치열하게 경쟁해야 하는 상황 때문에 스트레스가 쌓이고 쌓이다가 어느 날 갑자기 공황발작으로 나타나게 됩니다. 하지만 스트레스는 비단 연예인만의 문제는 아닙니다. 스트레스 관리가 쉽지 않은 현대인들도 공황장애의 위험에 언제나 노출되어 있습니다.

대한불안의학회에서는 이러한 사회적 분위기에 따라 공황장애에 대한 올바른 인식과 치료 문화를 정착하고자, 지난 2011년 공황장애 투병기를 공모했습니다. 적극적인 관심으로 많은 분들이 자신의 경험담이 담긴 투병기를 응모해주셨고, 덕분에 성공리에 공모전을 마칠 수 있었습니다. 이 책은 공황장애투병 문학상에 응모한 20편의 투병기를 바탕으로 출간되었습니다(본문에 실린 환우의 이름은 경우에 따라서 필명으로 처리했습니다).

이 책에는 오랫동안 남모를 고통 속에서 힘들었지만, 끝까지 희망을 잃지 않고 결국 극복해낸 분들의 눈물겨운 이야기가 고스란히 담겨 있습니다. 어느 날 갑자기 찾아온 공황장애로 삶이 뿌리째 흔들렸지만 그로 인해 자신과 가족 그리고 주변 사람들을 더욱 사랑하고, 더 적극적으로 삶을 살게 된 사람들. 마치 한 편의 소설처럼 이들의 절절한 이야기 속에서 가슴 뭉클한 감동을 느낄 수 있습니다. 더불어 각 투병기에 대한 전문의들의 맞춤형 처방전으로 좀 더 유용한 정보를 전달하고 있습니다. 그 어느 때보다 공황장애에 대한 관심이 높아지고 있는 지금, 이 책이 공황장애에 대한 잘못된 인식을 바로잡고, 공황장애로 괴로워하는 모든 분들에게 큰 도움이 되었으면 합니다.

끝으로 출간을 허락해주신 환우 분들과 도움을 주신 전문의 선생님들께 감사의 말씀을 전합니다. 지금 이 순간에도 공황장애로 고통 받으며 삶의 거센 파도를 헤쳐가고 있는 모든 분들에게 따뜻한 위로와 응원을 전합니다.

2013년 11월 대한불안의학회

차례

추천의 말 나의 아픔은 노래가 되었다 6
프롤로그 불안의 거센 파도를 헤쳐서 10

Part 1 마주하기

왜 나만 이렇게 불안한 걸까?

1 내 생애 가장 두려웠던 순간 21
  … 누구나 불안하지 않은 사람은 없다 29

2 그곳에만 가면 식은땀이 났다 34
  … 가짜 불안에 속지 않아야 한다 42

3 불안해도 괜찮아 47
  … 좋은 불안과 나쁜 불안을 구별한다 54

4 죽지 않지만 꼭 죽을 것만 같았다 58
  … 여자가 남자보다 불안에 더 민감하다 66

5 갑자기 두려움이 온몸을 휘감았다 70
  … 몸이 불안하면 마음도 불안하다 75

6 그때는 슬픔을 참을 수밖에 없었다 79
  … 불안은 피하지 않고 마주한다 85

7 우리 자매에게 찾아온 낯선 손님 89
  … 공황은 환경에 민감하게 반응한다 96

Part 2 치유하기

내 안의 불안을 다스리는 법

8 왜 나는 아프다고 말하지 못했을까? 103
  … 나를 잘 돌보는 사람이 건강하다 109

9 내 안의 불안 잠재우기 114
  … 예기불안에 주눅 들지 않는다 122

10 오직 갈색봉투만이 나의 구세주였다 127
  … 약물치료를 두려워하지 않는다 133

11 행복했던 그 아이는 어디로 갔을까? 138
  … 나만의 안전 시스템을 만든다 144

12 길고도 긴 나와의 싸움   148
　　… 편안한 느낌으로 호흡에 집중한다   156

13 주말에도 불안감이 가시지 않았다   161
　　… 나를 지치게 하는 것은 멀리한다   167

14 잃어버린 행복을 찾아서   171
　　… 핵심 불안에 직면한다   178

15 어떤 상황에도 내 아이만은 지키고 싶었다   182
　　… 생각을 바꾸면 불안도 작아진다   188

Part 3 살아가기

내가 불안으로부터 편안해지기까지

16 나의 상처와 치유를 고백한다   193
　　… 고통은 나눌수록 작아진다   199

17 나는 나를 사랑하지 못했다   205
　　… 불안은 나의 문제를 알려준다   212

18	모든 것이 미치도록 불안했다	216
	… 삶이 불확실하다는 것을 인정한다	222
19	나를 살린 건 가족이었다	225
	… 가족은 심리적 베이스캠프다	232
20	나는 원본의 나로 살고 있을까?	236
	… '해야 한다'는 마음을 내려놓는다	244

에필로그 불안은 사랑으로 치유한다 248
부록 공황장애의 올바른 치료법 251

왜 나만
이렇게 불안한 걸까?

anxiety free
1

내 생애 가장 두려웠던 순간

신중범

'죽음'이라는 단어가 떠오르는 순간, 폭풍처럼 몰아치는 두려움과 깊숙한 곳에서 분노가 동시에 치밀었다. 다음에 연상되는 것은 바로 아이들과 아내였다. 그래서 나는 끝까지 눈을 감을 수가 없었다.

도대체 왜 나에게 이런 일이…

화창한 어느 날, 회사 동료들과 함께 점심을 먹기 위해 사무실을 나오는 길이었다. 사무실을 나와 계단을 막 내려가는데 잠시 머리가 어질한 느낌이 들었다. 며칠 동안 계속된 야근과 늦은 술자리 때문에 일어나는 후유증 정도로만 생각했다. 그리고는 아무렇지도 않게 동료들과 자주 가던 식당으로 향했다. 건물과 건물 사이 좁은 골목 안에 있는 식당에 막 들어가려는 순간이었다. 그때 갑자기 요동치듯 땅이 흔들렸다. 생각할 겨를도 없이 나는 겁에 질린 목소리로 동료 직원을 향해 소리쳤다.

"앗, 지진이다. 땅이 흔들려!"

동료들은 장난인 줄 알고 나의 겁먹은 외침에도 대수롭지 않게 반응했다.

"하하하, 무슨 땅이 흔들려. 어제 먹은 술이 덜 깬 거 아니야."

"일하기 싫어서 땅이라도 흔들렸으면 하는 거야? 어쩌지 아무 일도 없는데."

동료들의 웃음소리에도 땅은 여전히 흔들렸고 머리는 터질듯이 아파왔다.

"땅이 이렇게 흔들리는데…… 아…… 어지러워!"

더 이상 동료들의 말소리는 들리지 않았다. 내 심장은 전력질주라도 하는 것처럼 걷잡을 수 없이 뛰기 시작했다. '아! 이렇게 세상을 떠나는구나.' 삶과 죽음의 경계를 오락가락하는 순간에도 나는 끝까지 정신을 놓지 않기 위해 몸부림쳤다. 순간, 가족들의 얼굴이 하나씩 스쳐지나갔다. 사랑하는 나의 아내와 아이들……. 나는 한 집안의 가장이었다. 내가 죽는다는 두려움보다 남겨질 가족들에 대한 걱정이 더 크게 다가왔다. 대출금과 대출이자, 보험, 아빠 없이 살아갈 아이들과 잘해주지 못했던 아내에 대한 미안한 마음들이 한꺼번에 밀려왔다. 나는 간신히 전화를 걸어 아내에게 마지막 인사를 전했다.

"여보……, 통장은 장식장 서랍에 있어. 이자는 매월 15일이니까 잊어버리지 말고 보험증서는……."

"여보! 무슨 소리야?"

아내의 놀란 목소리가 내 귓가에 윙윙거렸다. 그리고는 그대로 앰뷸런스에 실려 병원 응급실로 향했다.

응급실에서는 각종 검사가 신속하게 이루어졌다. 혈압, 심전도, 부정맥, 뇌 MRI 등 모든 검사를 해보았다. 그런데 이상하게도 특이 소견은 나오지 않았다. 시간이 지나면서 조금씩 안정을 찾았지만 응급실에 오기 전의 그 짧고 격렬했던 기억이 머릿속에 계속 남아 있었다. 살아 있다는 안도감보다 왜 이런 일이 나에게 일어났는지 도대체 이해할 수가 없었다. 그때 의사 선생님이 들어왔다. 그리고는 나에게 여러 가지 질문을 하기 시작했다.

"증상이 언제부터 시작되었나요?"

"어떻게 증상이 나타났는지 좀 설명해주실래요?"

"최근에 스트레스를 가져올 만한 일은 없었습니까?"

도대체 왜 이런 질문을 하는지 이해할 수가 없었다. 나는 단지 어지러움에 죽을 것 같아 왔는데 나의 증세와는 상관없이 쓸데없는 질문만 하는 것 같았다. 그러다 의사 선생님의 가운에 적혀 있는 '정신건강의학과'란 글자가 내 눈에 들어왔다. '아,

왜 정신건강의학과 의사가 온 거지? 내가 지금 정신이라도 이상해진 건가? 정신건강의학과 의사를 만나야 할 만큼 내 정신이 잘못되었다는 걸 인정할 수 없었다. 나는 묵비권을 행사하듯 어떤 질문에도 대답하지 않았다. 의사 선생님은 질문을 포기하는 대신 나에게 생소한 단어 하나를 말해주었다.

"검사결과 공황장애 증상이 보입니다."

"예? 공, 황, 장, 애라니요?"

나의 병을 결코 인정할 수 없었다

공황장애. 처음 들어보는 말이었다. 나는 신체 건강한 30대 초반의 남자로 의지가 강한 사람이었다. 그런데 내가 들어보지도 못한 이상한 정신적 장애가 있다는 것이 전혀 납득이 되지 않았다. '내가 정신병이라니!' 세상의 모든 것들이 잘못되어 있는 것만 같았다. 공황장애라는 결과를 믿을 수 없어 정밀 검사를 다시 받아보기로 했다. 서둘러 입원을 하고 검사를 받는 동안 나는 일부러 아는 체를 하며 의사 선생님에게 물어보았다.

"공황장애는 일종의 스트레스 아닌가요? 그런데 왜 '장애'라는 꼬리표를 달고 있죠?"

"몸과 마음을 동일시한 해석이죠. 신체에 장애가 올 수도 있고 마음에 장애가 올 수도 있으니까요."

의사 선생님은 나의 질문들에 성실히 대답해주었지만, 나는 점점 더 어깃장을 놓았다. 그것은 어설픈 자만이었다.

검사를 받는 일주일 동안 아무것도 먹을 수가 없었다. 몸무게는 눈에 띄게 줄어들어 8킬로그램이나 빠져 있었다. '몸에는 아무런 이상이 없는데 왜 나는 죽을 뻔했다는 거지?' 정밀검사를 받는 동안 나에게 던진 질문에 대답을 찾을 수 없었다. 의욕은 점점 떨어지고 눈의 초점도 흐릿해져갔다. 깨어 있으면 와락 달려드는 불안감에 끼니도 거른 채 일부러 잠 속으로 파고들었다.

정신적으로는 아무렇지도 않다고 주문을 걸었지만 나의 몸은 이미 지쳐가고 있었다. 퇴원을 하려고 몇 번을 시도했지만 그럴 때마다 응급실에 실려 오기 전과 비슷한 증상이 나타나 병원 침대에 다시 누워버리곤 했다. 걷잡을 수 없이 나락으로 떨어지는 것만 같았다. 의사 선생님은 점점 기력을 잃어가는 나를 위해 링거를 처방해주었다. 링거를 꽂고 있는 동안에도 내 왼쪽 팔목이 조금 부어오르는 느낌이 들면 곧 죽을 것 같은 근거 없는 염려에 시달리곤 했다. '혈관이 터져서 난 죽게 될 거야.' 모든 것이 공포로 다가왔다. 도대체 내가 왜 이러고 있는지를 알 수 없으니 더 답답한 노릇이었다. 병문안을 온 친척들은 아무 이상 없이 누워 있는 나에게 급체일 수도 있다며 손을 따기도 하고 기(氣)가 막혀서 그런지도 모른다며 온몸을 지압해주기도 했다.

그래 난 공황장애 환자다

사랑하는 아내와 아이들을 생각하면 이렇게 굴복할 수는 없었다. 나는 오랜만에 병원 로비로 나와 컴퓨터 앞에 앉았다. 인터넷 검색창에 '공황장애'라는 네 글자를 치고 나의 증상과 비교해보았다. 그런데 비교하면 할수록 나의 병명은 공황장애라는 것이 더 확실해졌다. '아니야! 그럴 리가 없어. 난 공황장애가 아니야 아니라고.' 하지만 나의 바람과 달리 나의 병명은 너무나 명확했다. 아니라고 부정하면서 나도 모르게 공황장애를 앓았던 사람들의 이야기를 읽고 있지 않은가. 나는 어쩔 수 없이 현실을 받아들여야 했다. '그래, 난 공황장애다.' 이렇게 내 병을 인정하고 나니 마음이 한결 편해졌다. '이제 원인을 알았으니 잘 이겨낼 수 있을 거야.' 병원에 입원한 지 일주일 만에 처음으로 나는 편안하게 잠을 잘 수 있었다. 그리고 다음날 퇴원을 했다.

하지만 일상생활로 돌아온 현실은 너무나 낯설게 다가왔다. 운전이 힘들 정도로 몸은 이미 많이 지쳐 있었다. 게다가 공포의 기억은 좀처럼 가시지를 않았다. 업무상 마셔왔던 술도 끊고 운동을 시작하고 충분한 수면도 취하며 나름대로 노력했지만 어쩌다 한 번씩 술자리가 있는 날이면 어김없이 공포의 증세가 찾아왔다. 술자리는 나에게 불안감을 유발시키는 원인이었던 것이다. '오늘은 괜찮겠지.' '이번 한 번은 별일 없겠지. 컨디션도 좋은데.' 하지만 증세는 예외 없이 찾아왔다. 악순환의 연속이었다. 그렇게 나와의 낯선 싸움은 시작되었다.

무엇보다도 힘든 것은 주위사람들에게 공황장애를 설명하는 일이었다. 그동안 어느 그룹에서든 리더였고 열정적으로 사회생활을 해오던 나였다. 그런 내가 정신적인 문제가 있다는 사실을 고백한다는 것은 죽기보다 싫은 일이었다. 하루하루 시한폭탄을 안고 사는 것처럼 위태로운 시간들이었다. 시간이 가면서 나의 증세는 점점 더 심해졌다. '신은 왜 많은 사람 중에 나에게 이런 병을 주신 걸까?' '이따위 약은 먹어서 뭐해. 병이 나으면 다른 약에 평생 중독이 돼 살겠지.' 견딜 수 없이 화가 났다. 세상에 대해 내 자신에 대해. 나의 몸과 마음은 걷잡을 수 없이 황폐해져갔다. 아픈 순간에도 끈을 놓지 않았던 아내와 아이들도 이제 눈에 들어오지 않았다.

병을 통해 새로운 삶을 발견하다

그러던 어느 날 밤, 문득 하늘을 쳐다보았다. 밤하늘에는 수없이 많은 별들이 빛나고 있었다. 어렸을 때부터 별을 유난히 좋아했지만 바쁜 일상을 핑계로 별을 보는 일이 거의 없었다. 마음이 차분히 가라앉았다. 그리고 내 속에서 작은 목소리가 들려왔다. '항상 두려운데 뭘 또 두려워하지?' 그것은 원초적인 질문이었다. 자신의 존재가 언젠가는 사라질 것 같은 두려움. 그것은 누구나 갖고 있는 두려움이었다. '그래, 이왕 살다가 사라질 존재라면 더 열심히 사는 것이 더 값진 삶이 아닐까?'

그날 이후 나는 1년간 발길을 끊었던 병원을 찾아서 약물치료를 다시 시작했다. 생각을 바꾸자 내게도 변화가 찾아왔다. 예전에는 남들을 의식해서 완벽하게 보이려고 애를 썼던 것 같다.

하지만 지금은 부족한 나를 그대로 인정하려고 노력한다. 나는 병을 얻었지만 그것을 극복하는 과정에서 소중한 것을 얻었다. 첫 번째는 가족과 나를 더 사랑하게 되었고, 두 번째는 삶과 죽음을 긍정적으로 인정하는 것이다. 마지막으로 세 번째는 사람들에 대한 믿음이다. 나의 병을 진심으로 걱정해주고 끊임없이 격려해준 사람들 덕분에 나는 다시 건강해질 수 있었다.

이제 약을 중단한 지 8개월이 되어간다. 아직도 가끔은 공황장애 증상이 나타날 때도 있지만 이제는 극복해야 하는 방법을 알기에 크게 두렵지 않다. 처음에 공황장애가 나타났을 때는 마치 엄청난 군대를 이끌고 나타난 무시무시한 적군의 대장처럼 느껴져서 두려움에 떨며 숨기에만 급급했다. 그러나 공황장애를 극복해나가는 동안 나는 더 튼튼해지고 더 용감해졌다. 그렇게 나는 오늘도 조금씩 더 나아지는 삶을 살고 있다.

 remind

누구나 불안하지 않은 사람은 없다

불안(不安)은 '안전하지 않다'는 의미입니다. 사람은 태어나면서부터 불안과 함께 동행을 해왔습니다. 불안은 태초부터 인류와 함께 출발한 셈입니다. 원시시대는 자연과 동물의 공격으로부터 안전하지 못한 불안이 있었습니다. 그래서 동굴 속을 터전으로 삼거나 움집을 짓고 화살을 만들어 안전에 대비해 왔습니다. 이후 사람들은 더 다양한 위험에 노출되었고, 그 결과 점점 더 많은 불안에 시달리게 되었습니다.

불안의 습격, 공황장애

최근 우리 사회만 보더라도 도처에 불안은 만연해 있습니다. 대학 진학에 대한 불안이 어린 청소년들의 발목을 잡고 있습니다. 성인이 되어서는 직장에 대한 불안, 결혼에 대한 불안, 경제적인 불안, 그리고 더 나이가 들면 노후에 대한 불안이 버티고 있습니다. 게다가 어느 날 느닷없이 당하게 되는 각종 사고에 대한 불안까지 수많은 불안들이 우리 주위에서 틈틈이 기회를 엿보고 있습니다. 그 많은 불안에 노출되었을 때 그 위험에 대한 수위조절을 통제하지 못하는 순간, 마음의 병이 생기게 됩니다.

그런 불안에 대한 과도한 집착이 바로 공황장애(panic disorder)입니다.

앞서 사례에서 보았듯이 대부분의 경험자들이 공통적으로 "왜 건강한 나에게 이런 일이 일어났는가?"라고 말합니다. 하지만 공황장애는 신체적인 건강과 관계없이 누구에게나 충분히 일어날 수 있는 질병입니다. 그러니 너무 자책하지 않아도 됩니다. 중요한 것은 내 안의 불안을 적절히 조절해가는 것입니다.

그동안 공황장애는 '신경쇠약'이나 '불안신경증'으로 진단되었으나 1980년대에 이르러 좀 더 정확한 병명으로 분류되기 시작했습니다. 원래 '패닉(panic)'의 어원은 그리스 로마 신화의 많은 신들 중에 목자의 신인 'pan'에서 유래되었습니다. 판은 헤르메스와 페넬로페와의 사이에서 태어난 아들로 얼굴은 사람의 모습을 하고 있었지만 온몸은 털투성이였고, 허리 아래로는 염소의 모습을 한 반인반수였습니다. '판'은 숲속에서 살았는데 조금만 기분이 나빠도 이상한 괴성을 질러 사람과 동물들을 공포에 떨게 만들었습니다. '판'이 나타나면 사람들은 겁에 질려 안절부절못하며 불안에 떨어야 했는데, 이런 증세는 경제에 쇼크가 오는 것과 비슷하다고 해서 극심한 경제적 침체기를 '패닉 상태'라고도 부릅니다.

공황장애는 정신적인 쇼크가 신체적 증상으로 나타나는 질환입니다. 특별한 이유 없이 불안증상이 발작(attack)이라는 신체 증상으로 표출되는 것입니다. 일단 발작상태에 빠지면 극도의 공포심이 느껴지면서 심장이 터질듯이 빨리 뛰거나 혹은 답답하여 금방이라도 숨이 멎을 것 같습니다. 심하면 죽음에 이를지 모른다는 극도의 불안감을 느끼게 됩니다. 많은 공황장애 환자들은 처음에 경험한 공포감을 잊지 못합니다. 대부분 과거 병력이 전혀 없었던 건강한 사람들에게도 많이 나타나기 때문에 처음 공황을 경험한 사람들은 갖가지 상황을 상상하게 됩니다.

"혹시 심장마비는 아닐까?"

"이건 분명 뇌졸중이야!"

"아! 이대로 죽는 건가?"

이렇듯 분명 내 몸 안에서 일어나는 일인데 나는 전혀 알 수 없는 죽음에 대한 공포, 그것이 바로 공황장애입니다.

스스로 제어할 수 있다는 편견

공황을 경험한 사람들은 공황장애는 정신건강의학과 질환이기 때문에 자신이 정신을 똑바로 차리면 얼마든지 병을 제어할 수 있다고 생각합니다. 그리고는 스스로 병을 낫게 해보려는 여러 가지 시도를 합니다. 하지만 이러한 행동은 병의 치료를 지연시키고 점점 더 악화시킬 수 있습니다. 어렵게 치료를 시작해도 자신이 치료할 수 있다는 생각에 의사가 처방해준 약을 복용하는 일에 소홀하거나 투약을 마음대로 조절하기도 합니다. 어느 날은 먹고 어느 날은 건너뛰면서 자신의 정신력으로 이겨내려고 갖은 노력을 다합니다.

"정신건강의학과 약은 독해서 몸에 해로울 거야."

"이 약에 중독이 되면 더 큰 병에 걸릴지 몰라."

이런 생각들은 오히려 치료에 큰 어려움을 주고 있습니다. 공황장애의 유지치료 시 일정기간 소량의 약물을 유지해주는 것이 오히려 재발의 위험을 낮춰줍니다. 따라서 자신의 통제력으로 해결하기보다는 전문의의 조언에 귀 기울이는 것이 보다 현명한 태도입니다.

우리가 매일 보고 있는 태양도 그냥 보기에는 편안하게 빛만 비추고 있는 것 같아도 끊임없이 활동을 멈추지 않습니다. 특히 태양의 흑점 활동은 태양이 더 강해지도록 에너지를 얻는 원동력이 됩니다. 가끔 뉴스에서 태양의 흑점 활동으로 통신장애가 있을 것이니 주의하라고 예고합니다. 이 같은 태양의 흑점 활동은 우리에게 통신 장애와 같은 불편을 가져다주지만 태양을 더 건강하게 하는 이로운 활동입니다.

불안이라는 감정도 마찬가지입니다. 누구나 불안에 노출되어 있지만 우리는 불안을 경험하고, 또 극복하는 과정에서 더 단단해지고 더 건강해질 수 있습니다. 누구나 불안하지 않은 사람은 없습니다. 그 불안을 어떻게 다룰 것인가, 그것이 다를 뿐입니다.

Relax 나의 감정 상태 관찰하기

공황 증상은 짧은 시간에 갑자기 일어나는 공포 반응이다. 이럴 때 나에게 어떤 일이 일어났는지를 환기시키는 것은 매우 중요하다. 당시 어떤 느낌이 들었는지, 이런 감정을 촉발시킨 원인은 무엇인지 등 자신의 상태를 객관적으로 관찰하고 그것을 기록으로 정리해두면 좋다. 이런 자기 관찰을 통해서 불안에 대한 자기 조절력을 얻을 수 있다.

anxiety free

그곳에만 가면 식은땀이 났다

심의진

나는 당시 20대 초반의 직장인이었다. 다른 사람들과 마찬가지로 주중엔 열심히 일하고 주말엔 어디론가 여행을 떠나고 싶어 하는 평범한 젊은이였다. 그러던 중 내 일생에서 가장 끔찍한 경험을 하게 되었다.

영원처럼 느껴졌던 악몽의 1분
무더웠던 여름의 끝자락. 맑은 날씨와 상쾌한 바람이 가을을 재촉하는 토요일 아침이었다. 평소에 너무나 갖고 싶었던 차를 어렵게 구입한 지 얼마 되지 않은 날이었다. 알뜰히 모은 돈으로 차를 샀기 때문에 매일 세차를 하고 주차도 안전한 곳만 골라서 했다. 며칠이 지나고 운전에 조금 자신감이 생기자 주말을 이용해 여행을 떠나고 싶었다. '가을의 낭만을 제대로 즐겨봐야지.' 여행 생각에 들떠 인터넷 블로거들이 추천하는 여행지도 찾아보고 지인들에게 자랑삼아 여행지 추천을 받기도 했다. 나는 며칠 동안 여행 지도를 들여다보며 들뜬 마음으로 신중하게 계획을 세우던 끝에 최종 여행지를 경주로 결정했다. 그리고 드디어 기다리던 주말이 왔다.

"겁도 없이 그 먼 데를 왜 가는지 모르겠다."

엄마의 걱정스런 목소리를 뒤로하고 차에 시동을 걸었다.

"부릉…… 부릉……."

라디오의 볼륨을 높이고 창문을 조금 내렸다. 달리는 차 안으로 들어온 맑은 공기는 기분을 한층 더 행복하게 해주었다. 그렇게 고속도로를 타고 한 시간쯤 달렸을 때였다. 하늘에 먹구름이 조금씩 몰려오기 시작했다. 비가 올 것 같았지만 차 안에 있으니 우산을 걱정할 필요도 없고 과속을 하고 갈 필요도 없어 그다지 신경을 쓰지 않았다. 마냥 행복한 드라이브였다. 집을 나설 때 준비해온 따뜻한 커피를 마시며 드라이브를 하니 더 낭만적이었다. 그렇게 얼마큼 더 갔을까. 갑자기 빗줄기가 굵어지는가 싶더니 어느 순간 앞이 보이지 않을 만큼 폭우로 돌변해버렸다.

"우르릉…… 쾅쾅……."

고속도로를 달리던 차들이 비상등을 켜고 속도를 줄이기 시작했다. 어떤 차들은 아예 갓길에 차를 멈추고 섰다. 초보자의 초행길이라 속도를 줄이고 조심운전을 하려고 애를 썼다. 그때였다. 갑자기 목이 타는 듯하더니 숨이 막혀 숨을 쉴 수가 없었다.

"헉…… 컥!"

'어, 왜 이러지? 죽을 것 같아.' 간신히 갓길에 차를 세웠지만 숨이 막히는 고통은 계속되었다. 숨을 쉴 수도 없었고 침 하나도 삼킬 수 없는 고통이 밀려왔다. 심장은 마치 죽음으로 향한 마지막 질주를 하듯이 거침없이 쿵쾅거리며 방금이라도 터질 것 같은 공포감이 몰려왔다. '차 안에 공기가 좋지 않아서 그런가?' 차 문을 열고 쏟아지는 폭우를 맞으며 밖으로 나왔다. 순식간에 온몸이 젖었다. 그렇게 비를 맞으며 숨을 고르고 나니 조금 정신이 들었다. 시계를 보니 몇 시간이 지난 것 같았는데 겨우 1분이 지났을 뿐이었다.

집으로 돌아가기에는 너무 멀리 와 있어 마음을 추스르고 계획했던 대로 가까스로 경주에 도착했다. 숙소에 들어서자마자 나는 침대에 누웠다. '좀 쉬면 괜찮아지겠지.' 하지만 순간순간 증상이 다시 생기는 것 같았다. 실제로 생기는 건지 증상에 대한 충격으로 그런 생각이 드는 건지 구분할 수 없었다. 두려웠다. 나는 여행을 포기하고 숙소 근처에 있는 약국으로 갔다. 열심히 증상을 설명하고 처방을 기다리는데 약사는 내 고통의 10

분의 1도 이해하지 못한 것 같았다.

"초행길에 갑자기 큰 비를 만나 놀란 것 같네요. 우선 이걸 먹고 마음을 가라앉혀 보세요."

약사가 건네 준 것은 우황청심원이었다. 아쉬운 대로 대안이 없어서 약사가 건넨 청심환을 먹었지만 달라지는 건 없었다. 그날 밤을 꼬박 숙소에서 보내고 다음날 서둘러 집으로 돌아오는 수밖에 없었다. 그렇게 나의 고통은 시작되었다.

암흑 속으로 빠지다

그날 이후 처음에는 차를 운전할 때만 증상이 나타나더니 얼마 지나지 않아 엘리베이터를 타도 갑자기 호흡이 가빠지고 숨을 쉬기가 힘들어졌다. 급기야는 집 주변을 벗어나면 예외 없이 같은 증상이 나타나기 시작했다. 반복해서 일어나는 증상에 두려운 마음으로 병원을 찾았다. 나는 심장에 이상이 있어 생기는 일이라 생각하고 심장질환을 의심했지만 종합검사 결과 '이상무'였다. 아무 이상이 없다는 것이 오히려 더 답답했다. 그래도 의사 선생님이 그렇게 진단을 했으니 별 이상 없이 '난 건강하다'는 생각으로 일상적인 생활을 해나갔다.

그러던 중 오래전에 계획한 친구들과의 여행을 떠나게 되었다. 그때까지 아무에게도 내 증상을 이야기한 적이 없었기 때문에 아파서 못 간다고 할 수도 없었다. 한동안 증상을 잊고 그런대로 생활을 해왔기에 잘 극복한 것 같은 착각도 들었다. 그렇게 친구들을 차에 태우고 신나게 운전을 하던 중에 긴 터널을 만나게 되었다. 그동안 증상이 없었기 때문에 두려움 없이 터널로 진입했다. 그런데 그것은 나의 오판이었다. 터널에 진입하는 순간, 캄캄한 암흑의 세상이 나를 강하게 빨아들이는 것만 같았다. 이어서 운전대를 잡은 내 손에서 땀이 나기 시작하더니 두려움에 몸을 가눌 수가 없었다.

"너, 왜 그래?"

놀란 친구들이 물었지만 대답조차 할 수 없었다. '여기서 사고가 나면 119차량도 들어오지 못할 거야. 그럼 난 여기서 꼼짝없이 죽을지도 몰라.' 위험한 상황이었다. 겨우 정신을 가다듬고 터널을 지나자 가장 빠른 인터체인지로 고속도로를 빠져 나왔다.

그날 이후 증상은 다시 시작되었다. 특히 날이 저무는 저녁시간에 집 밖에 있는 건 여간 힘든 일이 아니었다. 퇴근 즉시 집으로 돌아와야 마음이 편했고 그래야 증상도 나타나지 않았다. 그런 일이 반복되자 사회생활도 엉망이 되었다. 직장 동료들이나 가까운 친구들에게까지 나는 이해할 수 없는 사람이 되어갔다.

그렇게 6개월이 지나고 더 이상 나를 방치할 수 없다는 생각이 들어 다시 병원에 찾아갔다. '숨이 막히고 가슴이 답답한데 심장에 이상이 없다면 폐에 이상이 있을 거야.' 스스로 진단하고 폐 검사를 받았지만 역시 '이상 무'였다. 힘들고 괴로운 날들의 연속이었지만 어느 누구에게도 말할 수가 없었다. 홀로 계신 엄마에게 걱정을 끼쳐드릴 수 없었다. 그렇게 속으로만 삭이고 혼자만의 증상으로 점점 더 병을 키워가고 있었다.

나의 병을 말할 수 있는 용기

그러던 어느 날, 마지막이라는 심정으로 다시 심장검사를 받아보기로 했다. 접수대에 앉아 순서를 기다리고 있는데 눈앞에 '공황장애 설문지'가 보였다. '기다리는 시간이 지루한데 한 번 해볼까?' 공황장애가 뭔지 모르지만 기다리는 동안 시간이나 보낼 생각으로 설문지에 체크를 하기 시작했다. '심장이 두근거리거나 빨라진다…… 이건 내 증상인데.' 항목 하나하나가 내가 겪고 있는 증상과 같았다. 순간 정신이 번쩍 들었다. 그동안 알고자 했던 나의 병이 설문 내용에 고스란히 담겨 있던 게 아닌가. 심장 검사를 취소하고 서둘러 정신건강의학과에 상담 예약을 했다. 그리고 비로소 내 병명이 공황장애라는 것을 알게 되었다.

의사 선생님과 상담을 마친 후 일주일에 한 번씩 상담과 더불어 약을 복용하는 치료가 시작되었다. 약만 먹으면 곧 나을 수 있다는 희망이 생겼다. 예약된 시간에 병원을 가고 약은 시간에 맞추어 빠지지 않고 복용했다. 그런데 금방 나을 줄 알았던 증상이 좀처럼 개선되지 않았다. 나는 상담시간에 의사 선생님께 왜 빨리 나아지지 않는지 물어보았다.

"약을 언제까지 먹어야 하나요? 약을 먹어도 마음속에 두려움이 사라지지 않는 것 같아요."

"약에만 의존해서는 안 됩니다. 생각을 변화시키고 그 생각을 행동으로 옮겨보세요. 심장이 멈추거나 숨을 못 쉬는 일은 없으니까 두려워하지 말고 조금씩 시도해보세요. 5분 이상 자동차를 타보기도 하고 엘리베이터도 한 층씩 타보고 조금씩 층수를 높여보세요."

약을 복용하면 저절로 나을 줄 알았는데 그게 아니었다. 의사 선생님의 처방에 충실해야겠다는 생각에 긍정적으로 생각하고 증상을 개선하기 위해 열심히 노력했다. 가끔 실패도 했지만 실망하지 않고 조금씩 개선시켜 나갔다. 어느 날은 아무런 증상 없이 지나다가도 어느 날은 예기치 않게 나타나곤 했는데 이상하게도 조금만 부정적이거나 두려운 생각을 하면 그대로 증상에 나타나는 것이었다. 그래서 되도록 긍정적인 생각만 하려고 노력했다. 내가 겪고 있는 공황장애에 대해서 동료들 앞에서 말할 수 있는 용기도 생겼다. 약을 먹는 것도 숨기지 않았다.

"의진 씨! 젊은 사람이 매일 무슨 약을 그렇게 먹어? 영양제야?"

"아! 이거요? 공황장애 치료제예요."

"공황장애? 정신건강의학과 약이야?"

동료들이 이상하게 생각해도 나는 개의치 않고 열심히 약을 복용하고 의지를 담아 이겨내려고 노력했다. 그런 시선 때문에 병명을 숨긴다면 치료가 더 힘들기 때문이었다.

"이제 약을 그만 먹어도 되겠어요. 그리고 병원에 오지 않아도 됩니다. 충분히 이겨냈어요."

"아! 선생님 감사합니다."

의사 선생님에게 병원에 오지 않아도 된다는 이야기를 듣기까지 1년이라는 시간이 필요했다. 공황장애와 함께 보냈던 나의 20대 초반은 믿지 못할 만큼 힘든 시간이었다. 돌이켜보면 내 자신이 죽었다 다시 살아난 것 같은 기분이었다. 몇 년이 지난 일이지만 어제 일처럼 생생하다. 그때의 증상은 이제 더 이상 나를 불안의 고통 속으로 몰아넣지 못한다. 지금은 차를 몰고 여행도 다니고 엘리베이터의 숫자가 주는 공포도 잊은 지 오래다. 공황장애를 이겨낸 건강한 내가 자랑스러울 뿐이다.

 remind

가짜 불안에 속지 않아야 한다

공황장애 중에 특정한 장소에서만 발작 증상이 나타나는 광장공포증이 있습니다. 광장공포증(agoraphobia)이란 원래 그리스어에서 유래한 말로 '아고라(Agora)'는 그리스의 도시 국가에서 시민들이 모여 다양한 활동을 하던 야외공간을 말합니다. 우리나라의 대표적인 인터넷 토론방에도 '아고라'라는 명칭을 쓸 정도로 친숙한 단어입니다.

특정 장소에 대한 공포

광장공포증은 특정한 장소에서 극심한 공포감을 느끼는 것을 말합니다. 극도로 두려운 상황에서 탈출하기 어렵거나 남에게 도움을 받을 수 없는 장소라고 판단되면 더 극대화되는 경향을 보입니다. 주로 사람들이 많은 번잡한 거리에서 위험한 일이 발생하면 살아남기 어렵다고 생각하는 것입니다. 뿐만 아니라 밀폐된 공간 즉, 터널이나 엘리베이터 혹은 지하철이나 비행기 같은 특정한 공간에 있게 될 경우, 죽을 것 같은 공포에 사로잡혀서 심한 발작을 일으키기도 합니다. 사례자의 경우 고속도로나 터널 같은 특정한 장소에서 갑자기 강렬한 불안을 경험했습니다.

가짜 불안이란

"이 터널 안에서 죽을지 몰라." "도로 위에서 죽고 말거야."

이처럼 '……할지도 몰라' '……할 것 같아'와 같은 느낌은 실제 상황과는 거리가 먼 가짜 불안입니다. 실제로는 안전한데도 불구하고 공포감을 확대 재생산함으로써 자신의 방어기제를 완전히 상실하게 만드는 것입니다. 이러한 가짜 불안은 생각의 균형을 파괴하여 실제보다 불안을 과도하게 느끼게 만듭니다. 즉, 정상적으로도 나타날 수 있는 신체적 변화를 과도하게 위험하거나 공포스러운 것으로 받아들여 "죽을지도 모른다"는 식으로 생각하는 것입니다. 이러한 생각의 왜곡을 전문적인 용어로 '파국화' 또는 '재앙화'(catastrophizing)라고 합니다. 공황장애 환자들은 긴장한 상태에서 정상적이고도 일시적으로 나타날 수 있는 신체적 변화, 예를 들어 가슴 두근거림, 숨 가쁨, 식은땀, 어지러움 등을 당장 죽을지도 모른다는 위험신호로 받아들이는 오류를 흔히 범합니다.

광장공포증의 경우 불안을 느끼는 장소들은 대체로 우리가 일상생활에서 흔하게 접하는 그런 공간들입니다. 그런데도 무작정 회피만 하다보면 나중에는 아예 집 밖을 나오려고 하지 않게 됩니다. 물론 그 불편함이란 이루 말할 수 없을 정도입니다.

심지어 이런 경우도 있습니다. 한 가족이 이민을 떠나기 위해 모든 것을 정리하고 이제 막 비행기를 타려는 순간이었습니다.

출국장에 들어서 출국 절차를 밟는데 갑자기 남편이 발작을 일으켰습니다. 모두가 당황하며 어찌지 못하는 사이에 비행기 출발시간이 되었고, 아내와 아이들만 예정대로 비행기를 타고 떠날 수밖에 없었습니다. 가장은 결국 비행기 타는 것을 포기하고 말았습니다. 아마 낯선 나라에서 살아가야 할 가장으로서의 책임감이 불안을 낳고, 그 불안은 공포로 다가왔던 것 같습니다. 그 후 가장은 몇 년 동안이나 기러기아빠로 가족과 떨어져 지내야만 했습니다.

사례자 역시 어린 나이에 직장을 잡고 꿈꾸던 자가용을 마련하고 여행을 떠난다는 즐거운 마음 이면에는 자신도 모르는 불안감이 내재되어 있었는지 모릅니다. 여기에 세차게 쏟아지는 빗줄기도 그 불안감을 더했을 것입니다.

아무 이상이 없다고 간주되기 쉽다

사례자의 경우 스스로 심장이나 폐 질환이라 생각하고 병원에서 검사를 받았지만 이상이 없었다고 했습니다. 최근 들어 공황장애의 심각성이 많이 언급되고 있지만 여전히 병원에서는 신체적인 원인에만 주목하여 진찰하고, 환자들도 정신건강의학과에 방문하기를 꺼려하다가 적절한 치료시기를 놓치는 경우가 있습니다. 특히 대부분의 공황장애는 내과적 이상에서 기인한 질병이 아니기 때문에 검사 상 나타난 수치로 아무 이상이 없다고 생각하기 쉬운 질병입니다. 하지만 실제로 환자는 일상적인 생활을 하기 힘들 정도로 고통을 호소합니다. 이처럼 환자의 호소와 의사의 진단에는 간격이 존재합니다.

과거에는 공황장애의 경우 정신의 문제가 신체를 통해 나타나는 것을 과학적으로 증명하기 어려웠던 것도 사실입니다. 이런 이유 때문에 오래전부터 이러한 문제를 주술사들에게 의존했던 것인지 모릅니다. 하지만 요즘에는 공황장애가 많이 알려진 질병이니 만큼 가벼운 문제라고 치부하기보다는 좀 더 면밀하게 전문의의 진단을 받아보는 것이 보다 현명한 선택입니다.

공황발작을 판단하는 기준

공황장애의 정확한 진단은 정신건강의학과 전문의 또는 정신건강 전문가와의 면담을 통해 가능하고, 또 다음의 경우를 참고해도 큰 도움이 됩니다. 이 중에서 최소 4가지 이상의 증상을 경험한 적이 있다면 공황장애를 의심해볼 수 있습니다.

1 갑자기 시작하여 급속히 심해지는(대개 10분 내에 최고조에 도달함) 공포감이나 두려움을 경험한 적이 있고,
2 극심한 공포나 두려움의 순간에 아래의 증상들을 경험한 적이 있다.
- 심장이 마구 뛰거나 달리는 듯한 느낌　☐

- 양손에 땀이 나거나 축축해짐 ☐
- 팔다리나 몸이 떨림 ☐
- 숨이 가빠지거나 숨쉬기가 곤란함 ☐
- 질식할 것 같거나 목에 뭔가가 걸린 것 같은 느낌 ☐
- 가슴에 통증이나 압박감 또는 답답함을 느낌 ☐
- 토할 것 같거나 속이 불편한 느낌 ☐
- 어지럽거나 불안정감 혹은 기절할 것 같은 느낌 ☐
- 주변 사물들이 이상해 보이고 비현실적이거나 혹은 낯설게 느껴짐 ☐
- 자제력을 상실한다든가 혹은 미칠 것 같은 느낌 ☐
- 죽음에 대한 공포감 ☐
- 몸의 일부가 마비되거나 저린 느낌 ☐
- 얼굴이 화끈거리거나 오한을 느낌 ☐

Relax 현실을 과장하지 않기

불안 상태에서는 치우친 생각을 하기 쉽다. '난 죽을지도 몰라' '내가 미치는 걸까' '심장마비로 쓰러질 거야' 등 불안을 실제보다 더 과장하여 평가한다. 이럴 때는 자신의 해석에 오류가 있지는 않은지 검토하고 자신의 생각을 적극적으로 바꿔보는 시간을 가져본다.

anxiety free 3

불안해도 괜찮아

윤지은

7월 한여름의 파리. 벌써 30분째 아스팔트에서 올라오는 지열을 견디며 긴 줄에 서 있었다. 방송이나 그림에서만 보던 멋진 에펠탑에 직접 올라가볼 수 있다는 생각에 숨이 막히는 더위쯤은 참아낼 수 있었다.

파리의 에펠탑에서 시작되었다

"아! 드디어 내가 파리에서 에펠탑에 올라가는구나!"
 감동이 물밀듯이 밀려왔다. 엘리베이터가 서서히 움직이며 수직상승을 했다. 내 기분도 덩달아 수직상승을 했다. 엘리베이터가 올라가면 갈수록 파리의 모습은 그림처럼 아름다웠다. 가이드의 설명이 뒤따랐다.

"저기 보이는 것이 개선문입니다. 파리는 개선문을 중심으로 장방형 도로로 되어 있습니다. 자, 저기 강을 지나는 다리가 보이죠. 바로 저 다리가 여러분이 영화로 만난 '퐁네프의 다리'입니다."

사람들의 탄성소리가 들려왔다. 드디어 가장 꼭대기에 있는 전망대에 도착했다. 멋진 풍경을 볼 수 있을 것이라는 생각과 달리 엘리베이터에서 내리자 관광객들로 발을 디딜 틈조차 없었다. 순간 갑자기 숨이 막혀왔다.

"아! 으……."

가슴이 답답해지면서 견딜 수 없는 공포가 밀려왔다. 더 이상 전망대에 서 있다가는 곧바로 쓰러져 죽을 것 같은 생각이 들었다. 되도록 많은 공기를 들어 마시기 위해 크게 심호흡을 했지만 워낙 사람들이 많은 탓에 답답함이 가시지 않았다. 에펠과 에펠이 만든 탑에 대한 지루한 이야기를 들으며 나는 서서히 죽어가고 있는 것 같았다. 나의 공황발작은 그렇게 시작되었다.

그날 이후 더 이상 특이한 증상을 느끼지 못한 나는 더운 날씨 때문에 일시적으로 겪은 에피소드쯤으로 대수롭지 않게 넘겼다. 그러던 어느 날, 남자 친구와 함께 영화를 보게 되었다. 한창 영화를 보고 있는데 어디선가 요란한 소리가 들려왔다.

"쿵쿵 쾅! 쿵쿵 쾅!"

'무슨 소리지?' 그것은 다름 아닌 나의 심장소리였다. '아, 내 심장 소리가 왜 이렇게 크게 들리지?' 하고 생각하는 순간, 심장이 요동치듯이 더 빨리 뛰기 시작했다. 걷잡을 수없는 공포가 몰려왔다. 남자친구에게 방해가 될까봐 애써 참아보려고 했지만 영화관 천장이 무너질 것 같은 공포가 밀려왔다. 급기야는 토할 것 같은 메스꺼움으로 오더니 도저히 앉아 있을 수가 없을 정도로 불안이 엄습해왔다. 나는 그대로 영화관을 뛰쳐나왔다. 그것이 두 번째로 경험한 공황장애였다.

갈수록 심해지는 불안

나는 미국에서 고등학교와 대학을 마치고 2008년에 한국으로 돌아왔다. 한국에 돌아와 곧바로 공부를 더하기 위해 대학원에 입학하게 되었다. 오랫동안 한국에서 떨어져 있었기 때문에 한국의 환경이 오히려 낯설게 다가왔다. 늘어난 지하철 노선도와 길에서 만나는 낯선 풍경들. 나는 마치 또 다른 외국에 공부하러 온 느낌이었다.

새로운 환경에 적응할 시간도 없이 대학원 생활은 늘 바빴고 과중한 학업량은 언제나 나를 짓누르는 것 같았다. 좋아서 시작했던 공부인데 그것은 곧 스트레스로 이어졌다. 학교생활은 공부뿐만 아니라 문화차이로 인해서 적응하는 것이 매우 어려웠다. 힘든 날들의 연속이었다. 백화점이나 지하철 같은 사람이 많은 곳에 가면 어김없이 어지럽고 답답한 증상이 따라왔다. 증세는 더 깊어져서 급기야는 엘리베이터를 탈 수 없을 정도가 되었다. 나는 예전의 공포를 다시 경험하게 될까봐 가급적이면 집과 학교 외의 장소에는 웬만하면 가지 않으려고 했다.

그렇게 집과 학교를 단조롭게 오가던 어느 날이었다. 학교 도서관에서 과제를 하다 문득 이런 의문이 들었다. '지금 내가 하고 있는 공부는 왜 즐겁지 않지?' '난 왜 적응을 못하고 겉돌고 있는 걸까? 다들 나를 비웃고 있어.' 여러 가지 생각들이 미치자 갑자기 꽉 막힌 공간에 있는 것처럼 답답해지면서 목을 조이는 숨 막힘이 시작되었다.

"헉! 헉!"

나는 사람들에게 들킬까봐 조용히 의자 밑으로 내려와 바닥에 누워버렸다. 그리고는 죽음의 고통을 경험하며 하염없이 눈물을 흘렸다.

"무서워, 너무 무서워……."

때마침 근처에서 공부를 하고 있던 후배가 달려왔다.

"언니! 왜 그래요? 정신 좀 차려 보세요. 언니!"

후배가 무릎에 내 머리를 받히고 나를 진정시키려 애쓰는 동안 주변에 사람들이 모여 들었다. 나는 눈을 뜨고 싶지 않았다. 나를 향한 사람들의 눈빛을 보게 되는 것이 두려웠다. 몇 분 쯤 지났을까. 호흡은 정상으로 돌아왔고 죽을 것 같은 느낌도 서서히 사라졌다. 정신은 돌아왔지만 몸은 이미 힘이 빠져 일어설 기운조차 없었다. 주변에 모여 있던 사람들이 수군거리는 것이 그제야 들려왔다.

"간질인가? 좀 섬뜩하네."

그날 이후 나의 불안 증세가 더 심해지기 시작했다. 신경은 점점 더 날카로워졌고 주변에 사람들이 모두 이상한 눈으로 쳐다보는 것만 같았다. 나는 결국 한 학기를 끝내고 휴학을 신청했다.

나는 불안에 지고 싶지 않았다

공황장애를 겪기 시작하면서 제일 힘든 점은 공황발작 자체가 아니라 항상 내 안에 가시처럼 도사리고 있는 불안이었다. 마치 수천 개의 불안이 내 안에서 활개를 치며 살고 있는 것 같았다. 나는 그 불안들 앞에서 속수무책이었다. 그동안 공부만 하던 내가 학교를 그만두자 부모님의 걱정은 이만저만이 아니었다.

"병원에라도 가보자. 뭔가 원인이 있지 않겠니?"

더 이상 불안에 지는 패배자가 되고 싶지 않았다. 왜 나에게 이런 일이 생기는지 병명이라도 알고 싶었다. 그래서 처음으로 병원을 찾게 되었다. 나는 의사 선생님 앞에서 나에게 일어나는 이 터무니없는 증상을 자세하게 설명했다. 내가 무슨 잘못을 했기에 이런 벌을 받고 있는 건지 진정 알고 싶었다.

"전형적인 공황장애 증상인데 광장공포증을 동반하고 있어요."

"아, 뭐라고요?"

"치료는 힘들지 않습니다. 그런데 의사가 도와줄 수는 있어도 가장 중요한 것은 본인의 의지입니다."

의사 선생님은 숙제를 내듯이 처방을 해주었다. 나는 일주일에 한 번씩 상담을 받으러 다니며 정서적 안정을 가지려고 노력했다. 하지만 의사 선생님이 처방해준 약은 한 알도 복용하지 않은 채 차곡차곡 쌓아두었다. 약에 의존하기보다는 내 의지로 고쳐보고 싶었기 때문이다. '난 충분히 이겨낼 수 있어.' 그러나 내 의지와는 달리 공황장애는 점점 더 악화되어갔다. 심지어 집에서도 발작 증세를 일으키며 쓰러지는 일까지 발생했다. 그 와중에 뉴질랜드를 가야 하는 일이 생겼다. 공황장애가 있는 최악의 상황이었다. 비행기를 타는 일이 너무 걱정되어 의사 선생님을 찾아갔다.

"뉴질랜드에 무사히 갔다 올 수 있을까요?"

"너무 걱정하지 말고 마음을 편안하게 하세요. 비행기를 타기 전에 처방해드린 항불안제 등을 드시면 좀 나을 겁니다."

그날 나는 처음으로 공황장애 약을 복용했다. 그리고는 뉴질랜드 행 비행기에 올랐다. 며칠 전부터 시작된 감기 증상으로 체력이 떨어진데다 약을 먹고 나니 잠은 오지 않고 몽롱한 상태가 되었다. 비행기가 공항에 도착을 했을 때까지도 정신을 차리지 못하고 비몽사몽 상태로 자리에서 일어나지도 못하고 있었다. 결국 휠체어에 실려 비행기에서 내려와야만 했다. 그 일이 있은 후 나는 본격적으로 치료를 해야겠다고 생각했다.

치료를 미루지 않는다

새로운 의사 선생님은 나를 편안하게 해주었다. 나는 의사 선생님에게 그동안 내 안에 있던 불안의 덩어리를 솔직하게 꺼내 보이기 시작했다. 평탄하게 살아왔다고 생각한 내 삶에는 뜻밖에 과거의 옹이들이 많았다. 때로는 이야기를 하다가 눈물이 쏟아져 눈이 퉁퉁 붓기도 했다. 그렇게 나는 꾸준한 상담과 더불어 처방해준 약도 빼놓지 않고 복용했다.

지금은 병원을 마지막으로 간 지 10개월이 되었다. 공황장애 증상이 없어진 지도 1년이 넘었다. 그동안 나에게는 많은 변화들이 있었다. 공황장애를 불치의 정신병으로 생각했던 남자 친구와 이별을 경험했고 가족들의 사랑과 인내도 경험했다.

공황장애라는 긴 터널을 빠져 나오자 찬란한 빛이 나를 비추고 있었다. 원하던 회사에 입사를 했고 공황장애를 이해해주는 멋진 남자친구도 새로 만나게 되었다. 지금 돌이켜 생각해보면 몸과 마음을 그렇게 다쳐가면서까지 왜 그렇게 공부에 집착했는지 모르겠다. 보다 나은 직장? 보다 나은 삶? 그 '보다'라는 말이 언제나 나를 긴장시켰던 것 같다.

사람들은 마음속에 자기만의 불안을 갖고 산다. 그럴 때 나는 '불안해도 괜찮아'라고 말해주고 싶다. 인간이라면 누구나 얼마든지 불안할 수 있기 때문이다. 오히려 불안하지 않은 것이 이상하지 않을까? 중요한 건 불안을 잘 다독이면서 함께 살아가는 것이다. 때로는 친구처럼 때로는 연인처럼.

 **remind**

좋은 불안과 나쁜 불안을 구별한다

적절한 불안은 나의 생명을 지켜주는 빨간 신호등입니다. 빨간 신호등 없이 초록 신호등만 보고 간다면 더 많은 위험에 노출되게 됩니다. 빨간 신호등이 적절하게 통제해줄 때 우리는 보다 안전한 길을 걸어갈 수 있습니다.

필요한 불안과 과도한 불안

불안도 마찬가지입니다. 불편하고 부담스러워도 불안은 우리의 생존에 필요한 감정입니다. 불안한 마음이 있어야 위험에서도 나를 안전하게 지킬 수 있습니다. 집을 나설 때 부모님들이 자녀들에게 흔히 하는 말이 '차 조심해'라는 말입니다. 이런 소리를 듣고 집을 나서면 알게 모르게 차를 조심하게 됩니다. 이럴 때 불안은 필요한 불안입니다.

이처럼 불안에는 위험에서 나를 지켜주는 '득(得)'이 되는 불안이 있는가 하면, 지나치게 빨간 신호등만 의식해서 일상생활에 지장을 주는 '독(毒)'이 되는 불안도 있습니다. 이 둘의 차이를 구별하는 방법은 현재의 기능(function)을 살펴보는 것입니다. 예를 들어 프로게이머와 게임중독자의 차이를 생각하면 쉽습니다. 양쪽 모두 오랜 시간 게임을 하는 동안 불안감을 느낄 수 있습니다. 그런데 프로게이머는 자신의 불안을 활용하여 경제적인 활동을 합니다. 물론 일생생활에 지장을 주지도 않습니다. 게임이 곧 사회활동이니까요. 그러나 게임중독자는 게임 때문에 자신의 일상생활에 막대한 지장을 주면서 동시에 돈과 에너지도 빼앗기게 됩니다. 심하면 건강까지 잃습니다. 이것이 바로 불안의 이중성입니다. 내 안의 불안을 어느 방향으로 길들이느냐에 따라 건강한 불안과 병적인 불안으로 갈라지는 것입니다. 프로게이머처럼 불안을 적절하게 삶의 에너지로 이용하면 나에게 건강한 불안이고, 반대로 게임중독자처럼 불안이 과도하면 병적인 불안에 빠져서 마음의 장애까지 겪게 됩니다.

사례자의 경우 어린 나이에 외국에서 오랫동안 공부를 했기 때문에 부모님의 기대가 컸을 것입니다. 그 기대에 부응하기 위해서 열심히 앞만 보고 전력질주를 했습니다. 또, 한국에서 대학원 공부를 계속하면서도 힘들다는 말도 꺼내지 못했습니다. 주위의 기대를 저버릴 수 없었기 때문입니다. 낯선 환경에 적응하기도 어려운데, 과도한 학업량에 지쳤을 것이고, 결국 빨간 신호등이 주는 경고를 알아채지 못했습니다. 이처럼 모든 것을 잘 해내야 한다는 과도한 압박감은 그의 내재된 불안을 자극하여 결국 공황장애의 증상으로 나타났을 가능성이 높습니다.

어린아이를 놀라게 하지 않는다

엄마를 따라 시장에 왔던 아이가 잠깐 엄마 손을 놓쳐 엄마를 잃어버렸습니다. 이때 아이는 가슴이 뛰고 숨이 가쁘고 엄마를 잃어버렸다는 공포감에 빠지게 됩니다. 이것은 우리가 일상에서 충분히 겪을 수 있는 공황의 모습입니다. 이런 경험이 있는 어린아이가 훗날 성인이 되어서도 그 공포의 순간을 잊지 못하면 트라우마로 남게 됩니다. 그래서 어린아이들에게 불안 상태를 노출시키는 것은 바람직하지 않습니다. 이런 이유로 외국의 일부 국가에서는 어린아이를 혼자 방치했을 경우 경찰이 개입하기도 합니다. 공황장애를 겪고 있는 환자들에게서 이런 경험들이 있는 것을 어렵지 않게 확인할 수 있습니다. 과거의 경험이 비슷한 상황에 노출되면서 잠재돼 있던 불안이 갑자기 돌출되는 것입니다.

흔히 자녀들과 재미있게 놀아준다는 생각으로 과도하게 놀라게 하거나 아이들에게 심한 장난을 하는 경우가 있습니다. 하지만 이런 행동은 부모들이 반드시 삼가 해야 합니다. 어른에게는 사소한 행동이지만 아이들에게는 공포일 수 있기 때문입니다. 따라서 되도록 공포에 노출되지 않도록 조심하는 것도 공황장애를 예방하는 데에 도움이 됩니다.

고통을 공유한다는 것

대부분의 공황장애 환자들은 혼자 있는 것을 두려워합니다. 그 이유는 '혹시 내가 정신을 잃고 쓰러졌을 때, 나를 도와줄 사람이 아무도 없으면 어떻게 하지' 하는 걱정 때문입니다. 그래서 가능하다면 누구라도 곁에서 지켜봐주는 것을 원합니다. 사례자의 경우 부모님도 계셨고 공황장애를 이해해주는 남자친구도 있었기 때문에 비교적 회복이 빨랐던 것 같습니다.

공황장애의 고통도 서로 나누는 것이 치료에 더 효과적입니다. 누군가 곁에 있다는 것은 정서적으로 큰 안정감을 주기 때문입니다. 공유의 힘은 정말로 큽니다. 그것이 고통이라고 예외는 아닙니다. 바람 때문에 옆으로 쓰러졌던 갈대도 혼자서는 일어서기 어렵습니다. 갈대 무리가 서로의 몸을 이리저리 밀어주어야 다시 일어설 수 있습니다. 모든 일이 그렇듯이 병도 혼자보다는 함께 겪어낼 때, 더 강한 힘을 얻게 됩니다.

Relax 불안을 기회로 활용하기

한눈을 팔고 걷다가 자동차의 경적소리를 들었을 때, 우리는 그 경적소리에 놀라서 위험을 피할 수 있게 된다. 더불어 여기서는 조심히 걸어야 한다는 신호도 얻는다. 이처럼 불안은 그동안 보지 못한 나의 모습을 보여주고 새로운 선택의 기회를 제공한다.

anxiety free

죽지 않지만 꼭 죽을 것만 같았다

김영미

나는 둘째를 낳기 위해 유도분만 중이었다. 첫 아이를 출산한 경험이 있어서 두 번째는 그리 힘들지 않을 거라고 생각했는데 오히려 더 힘들었다. 몸에서는 식은땀이 나고 숨은 곧 막혀서 아이와 함께 죽을지도 모른다는 공포감이 밀려왔다.

도대체 불안감이 가시질 않았다
"간호사, 간호사! 남편 좀 불러주세요! 빨리요, 빨리!"
 숨이 멎을 듯한 목소리로 계속 남편을 찾았다.
 "산모님 조금만 기다리세요. 데리러 갔으니까 금방 올 거예요."

간호사는 공포에 사로잡혀 헉헉거리는 나를 유난스런 산모쯤으로 생각한 것 같았다. 분만 대기실에서 기다리던 남편이 오는 데는 불과 몇 십 초밖에 걸리지 않았지만 겁에 질려 재촉하고 또 재촉했다.

"아악! 빨리요."

놀란 남편은 산모와 아이가 잘못된 줄 알고 사색이 되어 분만실로 들어왔다. 남편은 일단 나와 아이가 무사한 것을 확인하고 나서야 안도의 숨을 내쉬었다. 나도 남편을 보는 순간 증상이 조금 진정은 되었지만 몸에서 나는 열 때문에 금방이라도 익어 버릴 것 같았다.

"여보! 너무 더워요. 부채질 좀 해줘요. 빨리요!"

이것이 나의 첫 공황장애였다. 그 색달랐던 경험. 그런데 나는 그날의 일이 공황장애인 줄은 전혀 모르고 있었다. 그저 '진통이 너무 심해서 그랬을 거야'라고만 생각했다. 그렇게 힘든 출산을 하고 다시 일상생활로 돌아왔다.

당시 남편과는 주말 부부였는데 둘째를 낳으면서 남편의 직장이 있는 낯선 도시로 이사를 했다. 남편과 같이 있어 좋은 점도 있었지만 주변에 아는 사람이 없어서 조금은 힘들었다. 더구나 아이가 어려 자유롭게 밖으로 나갈 수 없는 날들이 계속되자 모든 것이 감옥 같은 생각이 들었다.

둘째가 7개월 무렵이 되었을 때, 이제 막 세 살이 된 큰 아이를 어린이집에 보내게 되었다. '큰 아이가 어린이집에 가면 좀 여유 있는 시간을 보내게 될 거야.' 그런데 나의 생각과는 달리 내 몸은 강력한 거부 반응을 보내고 있었다. 조금이라도 손을 덜어볼 생각으로 보냈지만 너무 어린 나이에 어린이집을 보냈다는 미안함과 혹시 안 좋은 일이 생기면 어쩌나 하는 마음에 불안함을 거둘 수가 없었다. '혹시 유리문에 끼어 손이라도 다치지 않았을까?'

 죄책감과 미안함은 시간이 지날수록 불안감으로 바뀌기 시작했다. 아이가 어린이집에 가고 나면 그 순간부터 심장이 두근거리고 손이 떨려 아무 일도 할 수가 없었다. 그런 초조함은 아이가 집으로 돌아온 후에야 가라앉았다. 견딜 수 없는 불안감이었다. 그렇게 일주일 쯤 지나자 어린이집을 다니던 큰 아이는 기관지염 폐렴과 중이염에 걸려서 힘들어했다. 나는 아이를 병원에 데리고 다니면서 너무 일찍 어린이집에 보낸 것 아닌가 하는 자책감에 빠져 있었다. '너무 어려 면역력도 없는 아이를 어린이집에 보내다니…… 모든 것이 내 잘못이야.'

 큰 아이가 병원을 다니는 동안 계속되는 자책감에 결국 어린이집을 포기하게 되었다. 아이와 함께 집에 있으니 불안했던 증상들이 말끔하게 사라졌다. 물론 두 아이를 기르는 일이 육체적으로는 힘이 들었지만 정신적으로는 오히려 편안했다.

언제 죽을지 모른다는 두려움

 그러던 어느 날 저녁, 아이들을 재워놓고 편한 시간이 되자 갑자기 허기가 느껴졌다. 야근으로 퇴근이 늦어진다는 남편도 기다릴 겸 밥을 챙겨 TV 앞에 앉았다. 모든 것이 평온하고 행복한 시간이었다. 그런데 웬일인가.

"크헉……"

밥 한 술을 막 입에 넣으려는데 팔에 힘이 빠지면서 들고 있던 숟가락이 바닥에 떨어졌다. 그리고는 곧 숨이 막혀 죽을 것 같은 공포감에 식은땀이 흐르기 시작했다. 순간 무엇을 어떻게 해야 하는 건지 아무 생각도 나지 않았다. '이럴 때 뭘 어떻게 해야 하는 거지?'

그 순간, 죽음의 공포와 혼자서 처절하게 싸우고 있는 자신이 너무 불쌍했다. 이 공포로부터 탈출하지 않으면 아직 어린 두 아이의 미래는 어찌할 것인가! 누구든 소통을 해야 했다. 남편은 회사에서 자리를 비울 수 있는 시간이 아니어서 친정엄마에게 전화를 걸었다.

"엄마! 지…… 지금 빨리 우리 집으로 와 주세요. 숨이…… 숨이 막혀 아무것도 할 수 없어요."

상황은 절박했다. 누군가에게라도 내가 어떤 상황에 처해 있는지 알려야 한다고 생각했다. 시간이 조금 지나자 차츰 호흡도 정상으로 돌아왔다. 진정이 되고 나니 조금 전에 경험했던 공포가 꼭 꿈처럼 느껴졌다. 그렇게 시간이 흐른 뒤 친정엄마가 그 먼 거리를 택시를 타고 오셨다.

"엄마! 이 밤중에 어떻게 왔어?"

"숨이 막혀 죽을 것 같다고 전화했잖아. 도대체 무슨 일이야?"

"이제 좀 나아졌어요."

엄마에게 내가 겪었던 공포에 대해 자세히 설명했다. 혹시 엄마도 그런 경험이 있는지 그것이 유전은 아닌지 하는 생각에서. 엄마는 너무 놀라하며 날이 밝는 대로 친정이 있는 도시로 가서 검사를 해보는 것이 좋겠다고 했다.

다음 날 친정엄마와 아이 둘을 데리고 친정으로 갔다. 친정엄마가 아이 둘을 돌보는 동안 나는 결혼하기 전부터 다녔던 내과로 가서 진료를 받았다. 식사 중에 그런 증상이 나타났기 때문에 혹시 위에 이상이 있는 건 아닌지 해서 위 내시경을 시작으로 혈액 검사며 초음파 검사까지 받았지만 특별한 이상은 나타나지 않았다. 의사 선생님의 '아무 이상이 없다'는 진단에 다소 마음이 편안해진 탓인지 며칠이 지나도 증상은 나타나지 않았다. 그리고 며칠 뒤 나는 아무 일이 없었던 것처럼 안심하고 아이들을 데리고 집으로 돌아왔다.

하지만 그것은 착각이었다. 집으로 돌아오자 다시 증상이 나타났다. 내과적으로 이상이 없다는 것을 확인했는데 증상이 사라지지 않아 이번에는 혹시나 하는 마음으로 한의원을 찾았다. 한의사 선생님은 기(氣)가 제대로 흐르지 못하면 몸에 이상이 올 수도 있다고 했다. 그리고는 나의 증상을 '스트레스성 화병'이라고 진단하며 침을 맞을 것을 권유했다. 침을 맞고 나니 정신이 맑아져 뭔가 치료가 되고 있다는 생각이 들었다. 그러자 마음이 급해졌다. 빨리 낫고 싶다는 생각이 들었던 것이다. 나는 한의원에서 침을 맞으면서 기 치료와 스포츠 마사지 같은 보조적인 치료도 병행했다.

당당히 불안의 장벽을 넘다

하지만 그것은 곧 또 다른 불안으로 이어졌다. 치료를 하루라도 거르면 다시 그런 증상이 나타나지 않을까 하는 불안이었다. 6개월 사이 몸무게는 15킬로그램이나 빠지고 정신은 여전히 불안을 안고 있었다. 점점 더 멍해져 정상적인 생활이 불가능할 정도였다. 나의 불안 증세는 점점 더 심해져갔다. 옆에서 보다 못한 남편이 정신건강의학과 진료를 받아보라고 권유했다.

"당신한테 이런 말 하기는 좀 그렇지만 정신건강의학과 진료를 받아보는 게 어때?"

"뭐라고? 내가 정신이상자라도 된단 말이야?"

"여보, 그게 아니라 혹시 산후 우울증이 아닌가 해서."

"듣기 싫어!"

말은 그렇게 했지만 정말 산후 우울증일 수도 있다고 생각했다. 우울증이라면 얼마나 심각한 병인지를 방송을 통해 익히 알고 있었다. 덜컥 겁이 났다. 정말 우울증이면 나의 삶은 끝장이라고 생각했다. 나는 다시 용기를 내 정신건강의학과에 가서 진료를 받기로 했다.

의사 선생님이 준 설문지에 체크를 하고 내가 겪은 증세에 대해 자세히 설명했다. 상담한 결과 나의 병명은 '공황장애'였다. 의사 선생님은 약물로도 충분히 치료될 수 있다며 안심시켰지만 나는 여전히 불안을 놓지 못하고 있었다. 병명을 알고 나서는 인터넷을 통해 공황장애를 검색하며 다시 불안에 불안을 더하고 있었다.

더 이상 물러날 곳이 없었다. 나는 의사 선생님이 처방해준 약을 복용하기 시작했다. 약을 복용하면서 처음에는 불안감이 서서히 없어지더니 하루에도 몇 번씩 두근거리던 숨 막힘도 한결 줄어들었다. 불안 증상이 줄어드니 조금씩 예전의 밝은 성격으로 돌아오는 것 같았다. 치료를 받는 동안에도 몇 번의 좌절이 있었지만 그럴 때마다 가족들을 보면서 마음을 다잡곤 했다.

'그래 서두르지 말고 천천히 치료를 하자.' 나는 스스로 병을 극복하고 이겨내고 싶었다. 결코 공황장애에 지고 싶지 않았다. 가족들에게 내가 불안감을 느끼거나 몸에 이상이 생기면 당황하지 말고 차분하게 이겨낼 수 있도록 도와줄 것을 부탁했다. 불안을 극복하기 위해서는 가족들의 도움이 절실히 필요했던 것이다. 그 결과 남편과의 관계도 더 좋아졌고 아이들도 밝은 성격으로 돌아왔다.

갑작스럽게 찾아왔던 공황장애. 지금 생각해보면 좀 더 빨리 치료했으면 좋았을 걸 하는 아쉬움도 있다. 하지만 그 고통으로부터 벗어난 후에 나는 소중한 것을 얻었다. 바로 하루하루 행복한 일상이 얼마나 가치 있는지를 알았다. 그래서 이제는 터무니없이 불안해하지 않는다. 누구에게나 올 수 있는 공황장애가 내게 왔을 뿐이다. 분명 내게 올 만한 이유가 있었을 것이고, 나는 당당히 그것을 넘어섰다.

remind

여자가 남자보다 불안에 더 민감하다

일반적으로 여자는 남자보다 불안에 더 민감합니다. 실제로 공황장애, 광장공포증과 같은 많은 불안장애는 남자에 비해 여자의 발병률이 더 높습니다. 어떤 학자들은 이러한 이유를 남자와 여자는 서로 다른 진화과정을 거쳤기 때문이라고 설명합니다. 남자는 근본적으로 사냥에서 출발한 진화로 공간지각이나 논리력이 발달했지만, 여자의 경우 양육을 위해 세밀한 감수성 부분이 진화하면서 다기능화가 되었다는 것입니다.

여자가 스트레스가 많은 이유

같은 상황에서도 남자와 여자의 불안에 대한 반응은 확연히 다릅니다. 여자가 남자보다 불안한 상황에 더 민감한 원인으로는 다음의 이유들이 있습니다.

첫째, 여성의 생체 내 호르몬의 영향 때문입니다. 여자는 남자에 비해 월경과 출산, 갱년기 등 큰 신체적 변화를 거치게 됩니다. 그 과정에서 자연스럽게 호르몬 분비의 변화와 함께 감정적인 변화도 경험합니다. 예를 들어 출산을 한 후 에스트로겐, 프로게스테론 등의 갑작스런 호르몬 변화가 일어나는데, 이때 아무런 이유도 없이 불안하거나 눈물이 나고, 심지어는 밤에 잠을 이루지 못하는 경우도 있습니다. 둘째, 여자는 스트레스 환경에 더 많이 노출되어 있습니다. 직장에서는 남자들과 경쟁해야 하고 결혼을 하면 시댁과의 갈등, 또 양육에 대한 부담 등으로 안정감을 찾기 쉽지 않습니다.

사례자의 경우는 여성 공황장애 환자에게서 흔히 볼 수 있는 공황장애의 증상과 치료과정을 보여주었습니다. 즉 남편의 직장을 따라 이사를 가야 했던 환경 변화와 둘째 아이를 출산하고 양육하면서 과도한 스트레스를 받았던 것입니다. 만약 사례자가 자신의 스트레스 상황을 사전에 충분히 예상하고 잘 대응했더라면 공황장애라는 고통스런 과정은 겪지 않았을지도 모릅니다.

스트레스로 늘 긴장 상태로 지내다보면 어느 날 불쑥 불안감이 고개를 내밀 수 있습니다. 그래서 마음에도 휴식이 필요합니다. 여성들에게는 더욱 그렇습니다. 만약 자신이 생체적으로 다른 사람보다 스트레스에 더 예민하다고 느낀다면 나의 마음을 이완시키는 방법 몇 개쯤은 알고 있어야 합니다. 독서를 통해서 긴장을 이완시키거나, 산책이나 음악 혹은 여행을 통해 자신의 스트레스를 해소할 수도 있습니다. 중요한 것은 나 자신을 잘 쉬게 하는 것입니다.

한편 미국의 불안장애 치료 심리학자인 에드먼드 본은 최초에 공황발작을 일으키는 스트레스 인자를 다음의 세 가지 유형으로 나누었습니다.

1 심각한 개인적 상실 (죽음, 이혼, 별거 등)
2 중요한 생활상의 변화 (결혼, 임신, 전업, 장기적인 신체 질병 등)
3 자극제 (과도한 카페인 등)

위의 세 가지 유형으로 볼 때 사례자의 경우 생활에 많은 변화로 인한 스트레스가 원인으로 생각됩니다. 이러한 스트레스 인자를 갖고 있다가 특정한 사건이나 공간에서 불안이 촉발되면 발작으로 나타나게 됩니다.

위기 상황을 대처하는 법

대부분의 환자들이 치료시기를 놓치는 것은 처음 공황장애를 경험했을 때 바로 적절하게 대응하지 못하기 때문입니다. 일단 그 상황을 부정하고 회피하면서 병을 만성적으로 끌고 가는 경우가 많습니다. 가장 좋은 것은 전문의와 상의하는 것입니다. 그리고 환자 스스로 긍정적인 생각을 하려고 노력해야 합니다. 공황 증상이 있을 때 긍정적인 생각은 큰 힘을 발휘하기 때문입니다.

공황 증상이 느껴지면 먼저 부정적인 생각을 내려놓고 긍정적인 자기 암시를 시도합니다. 예를 들어 심한 호흡 곤란이 있을 때 '이제 난 죽을 거야'라는 부정적인 생각보다는 '난 이겨낼 수 있어'라고 긍정적인 생각으로 전환합니다. 그리고 천천히 호흡하는 방법을 시도합니다. 이때 먼저 입을 통해서 숨을 크게 내 쉰 다음, 코를 통해 천천히 크게 들이 쉬는 방법을 쓰면 됩니다. 또, 심장박동이 빨라질 때는 '난 심장마비로 곧 죽을 거야'라는 부정적인 생각을 버리고 '몸이 힘들어서 단지 조금 빨라졌을 뿐이야. 문제없어'라는 긍정적인 자기 암시를 반복합니다. 이렇게 의지적으로 긍정적인 생각을 유지하면 위기의 상황에서 보다 빨리 벗어날 수 있습니다.

다음 문장들은 자기 암시를 통해 불안한 상황을 긍정적으로 전환하는 데 큰 도움이 됩니다. 필요하면 '긍정 카드'를 만들어서 위급할 때마다 들여다보는 것도 좋습니다.

- 나는 나 자신을 믿는다.
- 나는 어디든지 갈 수 있다.
- 나는 새로운 것에 도전할 수 있다.
- 나는 불안을 용감하게 견딜 수 있다.
- 나는 있는 그대로의 나를 사랑한다.

 Relax 긍정적으로 생각하기

컵에 물이 반이 들어 있다. 같은 상황도 어떤 시선으로 바라보느냐에 따라 전혀 다른 해석이 나온다. 부정적인 사람은 '물이 반밖에 남아 있지 않아 어떡하지?'라는 생각으로 불안한 마음을 갖지만, 긍정적인 사람은 '아직 물이 반이나 남아 있어'라며 반이나 남은 물에 대해 안도한다.

anxiety free

갑자기 두려움이 온몸을 휘감았다

손성일

20대 1이 넘는 편입시험 합격! 드디어 내가 원하는 대학에 다닐 수 있게 되었다. 순전히 나의 노력 덕분이라고 생각했다. 나는 기쁜 마음으로 새로운 학교에 적응해가며 즐겁게 생활하고 있었다.

가장 행복한 순간에 찾아온 고통

당시 편입 시험을 준비하기 위해 서울에 있는 편입 학원에 등록을 해야 했다. 집은 대전에 있었기 때문에 나는 매일 대전과 서울을 오가며 편입 시험 준비에 몰두해 있었다. 서울에 있는 학원에서 공부를 하고 다시 대전으로 내려와 독서실에서 밤늦게까지 공부를 계속했다. 약간 강박증이 있던 나는 공부한 내용이 기억이 나지 않으면 다음 장을 넘길 수가 없었다. 그렇게 일 년 동안 치열한 시간을 보냈다.

합격자 발표를 기다리는 시간은 참으로 지루하고 힘든 날들의 연속이었다. 편입시험을 치는 순간에도 극도의 긴장감을 경험했지만 문제는 시험을 치고 난 후였다. '떨어지면 어떡하지.' '이렇게 열심히 하고 떨어지면 난 아무것도 할 수 없을 거야.' 불안하고 초조했다. 드디어 합격자 발표가 났다. 다행히도 나는 그토록 원했던 학교의 학과에 편입학을 할 수 있었다. 내 인생에서 더없이 행복한 순간이었다.

그러던 어느 날이었다. 학교에서 수업을 마치고 집으로 가기 위해 평상시처럼 지하철을 탔는데, 하필이면 퇴근 시간과 겹친 지하철은 초만원이었다. 지하철역에 정차할 때마다 타는 사람과 내리는 사람들이 바뀌었다. 그때마다 새로운 공기도 유입되고 지하철 자막 안내도 잘 돌아가고 있었다. 그런데 어디쯤이었을까. 갑자기 통증이 밀려왔다.

"으으…… 윽!"

갑자기 속이 뜨거워지면서 숨이 막혀 서 있던 그 자리에서 그대로 쓰러졌다. 그리고 그때까지 기억을 모두 잃어버렸다. 얼마쯤 시간이 흐르고 정신을 차린 후 눈을 떠 보니 주변사람들이 허둥지둥 모여서 나를 안쓰럽게 쳐다보고 있었다.

"누가 119에 신고 좀 해요."

"젊은 사람이 왜 맥없이 쓰러지지?"

정신이 돌아오자 나의 상태에 대한 걱정보다 창피하다는 생각에 지하철 문이 열리자마자 도망치듯이 그곳을 빠져나왔다. 급히 빠져 나오긴 했지만 발걸음을 디딜 기운이 없어 지하철역 의자에 기대어 앉았다. '이 증세는 도대체 왜 나타나는 거지?' 그날 밤 나는 잠을 이루지 못했다.

그날 이후 병원을 쇼핑하듯이 다녀야 했다. 가슴이 답답하다는 이유로 심혈관 센터를 찾기도 했고, 귀 울림 증상이 있어서 이비인후과에도 갔다. 또 온몸에서 열이 나서 내과에서 진찰을 받기도 했다. 그러다 마지막으로 멈춘 곳이 정신건강의학과였고, 진단 결과 나의 병은 공황장애였다.

내 아이에게만은 보이고 싶지 않았다

나는 그 증상을 고스란히 간직한 채 사회생활을 시작했고 결혼도 했다. 현실적인 선택이었다. 사회생활을 하면서 밤에 운전하는 일이 많았는데 그때마다 고통스러웠다. 운전 중에는 숨이 막히면서 머리가 터질듯이 아파왔다. 그럴 때마다 차에서 내려 지나가는 사람을 붙잡거나 가까운 가게에 들어가 앰뷸런스를 불러달라고 부탁하곤 했다. 이상하게도 병원 응급실에 가서 수액을 맞는 동안은 거짓말처럼 증상이 없어졌다. 앰뷸런스를 타고 온 것이 미안할 정도로 아무런 증상도 없어 가끔은 꾀병으로 의심하는 사람들도 있었다.

그러던 어느 날, 가족과 함께 저녁을 먹고 거실에 둘러 앉아 TV를 보며 쉬고 있었다. 그런데 갑자기 머리 정수리 부분을 바늘로 콕콕 찌르는 듯이 아파왔다. 곧이어 목을 조여 오는 고통에 몸부림을 쳐야 했다. 반복되는 증상에 어느 정도 익숙해 있어서 나는 당황하지 않고 심호흡을 크게 하며 안정을 취하려고 노력했다. 그러나 이상하게도 그날은 깊은 심호흡도 소용이 없었다. 반복되는 증세도 내성이 강해진 모양이었다.

"여보! 나 좀 살려줘! 제발…… 나 지금 죽을 것 같아. 제발 좀 나 좀 살려줘!"

"여보! 정신 좀 차려 봐요."

아내의 울부짖는 목소리가 귓전에서 빙빙 맴돌았다. 그날도 예외 없이 앰뷸런스를 타고 응급실로 향해야만 했다. 그리고 며칠 후 여느 때처럼 가족이 둘러 앉아 이야기를 하고 있는데 이제 막 네 살 된 딸아이가 말했다.

"아빠! 아빠 언제 손으로 목을 잡고 살려달라고 막 누워 있었지."

그 말을 듣는 순간 가슴이 철렁했다. 아이에게 절대 보여서는 안 될 모습을 보여줬다는 생각에 미안함이 울컥 올라왔다. '그래, 어떻게든 고치자. 더 이상 이런 모습을 아이에게 보여줄 수는 없어.' 마음을 단단히 먹었다. 그동안은 병원에 가도 처방하는 약을 복용하는 것 말고는 뾰족한 방법이 없다는 생각에 적극적인 치료를 받으려고 하지 않았다. 그런데 이제는 내 아이에게 부모로서 나약한 모습을 보이지 않기 위해서라도 빨리 병으로부터 벗어나고 싶었다. 그렇게 병원을 찾아갔고 의사 선생님과 상담을 하고 약을 다시 복용하기 시작했다.

병도 내가 만드는 것이다

현재 나는 아직 완치되지는 않았다. 다만 과거에 비해 많이 호전되고 증상의 발생횟수도 현저하게 줄었다. 병원을 다니면서 정해진 약을 복용하고 인지치료를 하면서 안정을 찾으니 자연스럽게 치유가 되는 것 같다. 앰뷸런스에 실려갈 정도로 심한 증상은 아니지만 가끔 가볍게 오는 증상에도 잘 대처할 수 있게 되었다. 예비증상이 올 때면 팔 다리를 주무르고 심호흡을 하며 내가 터득한 방법으로 극복하려고 노력한다. 나의 병은 스스로 내 몸을 혹사시켜서 생긴 것 같다. 때를 놓치지 않기 위해 온갖 스트레스를 참아가며 오로지 공부에만 전력질주만 했던 지난날을 후회한다.

아직 나의 병은 현재진행형이다. 한 집안의 가장으로서 나는 반드시 건강을 되찾아야 한다고 생각한다. 이제 다시는 사랑하는 가족들에게 슬픔을 안겨주고 싶지 않다. 아내와 아이들과 아무 걱정 없이 행복한 미소를 지을 날을 나는 오늘도 손꼽아 기다리고 있다.

 remind
몸이 불안하면 마음도 불안하다

공황장애는 마음이 신체에 영향을 주는 병입니다. 몸과 마음은 서로 영향을 주므로 몸과 마음을 함께 돌봐주어야 합니다. 몸과 마음은 양쪽의 날개와 같습니다. 한쪽 날개에 이상이 생기면 정상적인 비행이 불가능합니다. 건강한 삶을 위해서 몸의 날개, 마음의 날개가 균형을 이루어야 합니다.

몸과 마음의 균형 잡기

사례자의 경우 편입을 위한 공부가 심적으로나 신체적으로 많이 힘들었을 것입니다. 그 당시는 오로지 시험이라는 목표가 있었기 때문에 자신을 돌볼 여유를 가지지 못했습니다. 그 결과 그때의 스트레스는 잠재되어 있었고, 오랜 기간 사례자와 불편한 동거를 해왔습니다. 그러다 특정한 상황을 마주하면서 갑자기 스트레스가 과도하게 표출되었고, 신체에도 이상증세를 느끼게 된 것입니다.

우리가 어떤 일에 최대한 집중하고 에너지를 들일 때는 그에 상응하는 보상도 필요합니다. 즉 긴장상태로 지친 몸과 마음을 적절히 풀어주는 것입니다. 쉬운 방법으로 운동을 권합니다. 그것이 걷기여도 좋고 요가여도 좋습니다. 중요한 것은 몸과 마음을 적절하게 이완시켜주는 것입니다.

아직 공황장애로부터 자유롭지 않은 분들을 위해 제이콥슨(Jacobson) 식 점진적 근육이완법(Progressive muscle relaxation)을 소개합니다. 점진적 근육이완법은 신체의 한 부분에서 시작하여 차례대로 모든 신체에 편안함을 전달함으로써 신체를 이완시키고, 더불어 마음도 차분하게 해주는 과정입니다. 방법은 이렇습니다.

처음 손에서 시작했다면 팔 ➡ 얼굴 ➡ 목 ➡ 어깨 ➡ 배 ➡ 다리 ➡ 발 이런 순으로 천천히 이완시켜줍니다. 먼저 편안한 의자에 앉거나 의자를 뒤로 눕힌 후에 가장 먼저 손에 긴장을 풀어줍니다. 주먹을 세게 쥐고 있다가 손을 펴서 힘을 빼 주기를 몇 번 반복합니다. 그 다음 팔은 굽혔다 폈다를 반복하다가 긴장을 풀어 축 떨어뜨려 봅니다. 보통 긴장상태는 10초 정도를 유지하고 이완상태는 20초 정도가 적당합니다. 각 부위별로 순서대로 몸과 마음의 균형을 잡아보면 큰 도움이 됩니다.

잘못된 생각이 병을 키운다

신체적으로 나타나는 증상들 즉, 가슴 통증, 어지럼증, 두통, 부종, 호흡 곤란 등을 조사해본 결과, 16퍼센트 정도만이 신체적 원인을 갖고 있다는 연구결과가 있습니다. 나머지 84퍼센트에 해당하는 대부분의 원인은 의학적으로 설명할 수 없는 신체적 증상이라는 것이지요. 이런 신체적 증상의 대부분은 우울장애나 불안장애에 동반되는 신체화 증상인 경우가 많습니다.

실제 공황 발작의 13가지 증상 중 일부 인지 증상을 제외하고는 대부분은 신체적 증상으로 나타납니다. 때문에 대부분의 환자들은 신체 질환에 원인이 있다고 판단하여 신체 질환 검사를 받습니다. 하지만 이런 편견 때문에 여러 병원을 전전하다 치료 시기를 놓치는 경우가 많습니다. 사례자의 경우에도 처음에는 신체적 질환인 줄 알고 여러 과를 다니며 증상을 호소해야 했습니다. 다시 한 번 공황장애의 원인은 마음에 있다는 것을 강조하고 싶습니다.

또한 대부분의 사람들은 정신건강의학과 질환이 '마음의 병'이라 여기고 얼마든지 자신의 의지로도 이길 수 있다고 생각합니다. 하지만 공황장애는 스스로 극복할 수 있는 수준을 넘어선 몸과 마음의 불균형 상태인 경우가 많습니다. 이미 환자의 뇌는 위험한 상황이 아닌데도 시도 때도 없이 노르아드레날린을 분비시켜 불안 반응을 일으킵니다. 공황장애 환자의 뇌 속 불안 중추신경이 이미 지나치게 예민해져 있기 때문입니다. 따라서 병을 의지만으로 이겨낼 수는 없습니다. 적절한 전문치료(약물치료와 정신치료)가 함께 따라주어야 증상이 호전될 수 있습니다.

마지막으로 대부분의 환자들에게는 정신건강의학과 약에 대한 편견이 있습니다. 정신건강의학과에서 사용하는 약물은 모두 신경안정제이기 때문에 장기간 복용하면 의존성이 높아지고 머리가 나빠진다는 편견입니다. 하지만 최근 개발된 공황장애 약물들은 의존성이 거의 0퍼센트에 가깝습니다. 치료제는 오히려 뇌의 위축과 사멸을 예방하고 뇌에 활력을 주며 부작용 없이 효과가 뛰어납니다. 공황장애는 몸과 마음이 함께 아파서 생기는 병입니다. 때문에 병을 이기겠다는 자신의 의지와 함께 약물 복용도 병행하는 것이 보다 더 바람직한 치료입니다.

 Relax 호흡으로 나를 진정시키기

갑자기 불안감이 밀려올 때, 호흡으로 나를 진정시켜본다. 위급한 상황에서는 누구나 과다호흡을 하기 쉽다. 위험에 대비하여 에너지 소모량이 늘어나기 때문이다. 이럴 때는 규칙적인 복식호흡으로 긴장을 천천히 진정시킨다. 가빠진 호흡을 달래서 천천히 배로 숨을 쉬고, 자신의 호흡을 하나 둘 세어가면서 정상적인 호흡으로 돌아간다.

anxiety free

그때는 슬픔을 참을 수밖에 없었다

이경수

나는 5년째 사법고시를 준비하고 있는 고시생이었다. 지방의 변변치 못한 동네에서 자란 나는 어려서부터 주변의 친구들에 비해 총명하다는 소리를 많이 들었고 공부도 곧잘 했다. 그런 내가 서울에 있는 명문대학의 정치외교학과에 진학하면서부터 주변의 기대치는 더욱더 높아져만 갔다.

5년차 고시생

"어찌 되었냐?"

수화기 너머로 엄마의 목소리를 듣자마자 눈물이 왈칵 쏟아졌다. 해마다 되풀이되는 똑같은 상황이 나를 비참하게 했다.
"그냥 그래."
"……."

석연찮은 나의 대답에 엄마는 침묵했다. 열심히 응원하고 지켜봐준 엄마는 올해도 내심 나의 합격 소식을 기대했을 것이다.
"마음 비우고 열심히 하면 좋은 결과 있것제. 니는 머리가 명석한께 열심히만 하믄 분명히 붙을꺼여"

하지만 엄마에게 실망을 안겨주는데 그리 오랜 시간이 걸리지 않았다. 나는 대학교 3학년이 되면서부터 전공에 흥미를 잃었고 특별한 진로 계획도 없이 어영부영 학교를 다니고 있었다. '내가 지금 뭘 하고 있는 거지?' 졸업이 다가왔지만 여전히 내 인생의 방향조차 잡지 못하고 이리저리 이력서를 내며 기웃거렸다. 스스로도 나에 대한 확신이 없는데 누가 나를 믿고 채용해줄 것인가. 그렇게 졸업을 했고 상황은 더 심각해졌다. 하지만 언제까지 홀어머니의 손을 빌려 내 생계를 유지할 수는 없었다. 아르바이트로 근근이 생활비를 벌고 있던 나는 대학교 때 부전공을 살려 법학 공부를 계속하기로 마음먹었다. '그래, 공부라면 자신 있어. 한번 해보는 거야.'

사법고시 공부를 시작했지만 한 해 두 해 시간만 가고 똑같은 상황이 벌써 5년 째 계속되고 있었다. '엄마! 나 합격했어.' 이 얼마나 하고 싶었던 말이던가! 올해도 여전히 그 말은 하지 못한 채 서둘러 귀향을 해야 했다.

한창 고향집을 향해 걸어가고 있는데, 어느 순간 캄캄한 암흑 속에서 자꾸 헛발을 딛는 느낌이 들었다. 이 꼴로 엄마 얼굴을 볼 생각을 하니 가슴이 먹먹해졌다. 고향집에 도착하자 엄마가 한걸음에 달려와 나를 반겨주었다.

"아이구, 고생 많았제. 어쩌스거나 뼈만 남았당께."

엄마는 속상함을 숨기면서 내 눈치를 보는 것 같았다. 그리고는 진수성찬으로 차린 밥상을 내놓으며 조심스레 위로의 말을 건넸다.

"내년도 있응께, 너무 속상허들 말어."

엄마는 몇 달 사이에 몇 년은 더 늙어 보였다. 나보다 더 마음고생이 심했을 엄마. 갑자기 엄마에 대한 미안함으로 눈물이 왈칵 쏟아졌다. 엄마는 말없이 숟가락을 내 손에 쥐어주었다. 밥이 목에 넘어갈 것 같진 않았지만, 애써 엄마가 차려놓은 밥을 먹을 수밖에 없었다. 그때였다. 밥을 막 먹으려는 순간, 나는 숟가락을 떨어뜨리며 쓰러져버렸다. 어지럼증과 금방이라도 숨이 멎을 것 같은 목조임이 순식간에 밀려왔다.

"아이고, 웬일인고 정신 좀 차려보랑께"

엄마는 밥상을 옆으로 밀쳐내고 나를 흔들어 깨웠다.

"어…… 엄마! 미안해요."

그렇게 몇 분 동안 나는 공포와 치열한 사투를 벌여야만 했다.

사랑하는 아빠를 잃다

처음 어지럼증이 찾아온 것은 고등학교 2학년 때였다. 시골이긴 했어도 건설회사에 다니시던 아버지와 언제나 따뜻했던 엄마, 그리고 개구쟁이 동생까지 남부럽지 않은 생활이었다. 행복한 가족 안에서 나는 좋은 대학에 들어가겠다는 의지를 불태우며 열심히 공부를 하며 그 시절을 보냈다. 그런데 어느 날 갑자기 커다란 운명의 돌부리에 걸려 넘어지고 말았다. 갑작스런 불의의 사고로 돌아가신 아버지. 그것은 나에게 하늘이 무너진 것 같은 충격이었다.

"아침에 출근한다고 나간 사람이…… 그럴 리가 없당게요. 싸게 다시 한 번 확인해 보랑께요."

엄마는 수화기 너머의 사람에게 타박이라도 하듯이 울부짖었다. 나 역시 아버지가 출근하시던 모습을 보았던 터라 쉽게 믿어지지 않았다. 그때 처음으로 심장을 찌르는 듯한 고통과 어지럼증이 찾아왔지만 나는 그저 사랑하는 사람을 잃은 슬픔 때문이라고만 생각했다.

그 일이 있은 후 나는 아버지에게 부끄럽지 않은 딸이 되기 위해 열심히 공부에 매진했다. 일 년에 한두 번쯤은 어지럼증에 쓰러졌지만 조금 쉬면 괜찮을 거라며 가볍게 여기곤 했다. 하지만 대학을 다니면서 그 증상은 더욱 심해졌다. 어렵게 병원을 찾은 결과 나는 '공황장애'라는 뜻하지 않은 진단을 받게 되었다.

그때부터 약을 복용했으나 가끔씩 발작적인 증세는 계속되었고, 나는 더 불안의 늪으로 깊이 빠져들어갔다. 어쩌면 사법고시에 도전해야겠다고 결심한 것도 그 두려움 때문이었는지 모른다. 버스, 지하철, 백화점 같은 사람들이 많이 모인 장소라면 어떻게 해서든 외면하려고 했다. 그런 곳에 있을 때면 어김없이 찾아오는 증상들을 피하기에 혼자 하는 공부가 안성맞춤이었던 것이다.

나는 다시 시작해야 한다

"다 늦은 시간에 워딜 간다냐?"

엄마가 애써 위로하는 모습도 보기 싫고 동생에게도 부끄러워 집에 있을 수가 없었다. 나는 무작정 집을 나와 한참을 걸었다. 서른이 넘은 딸이 아직도 자리를 못 잡고 방황하는 모습을 보는 엄마는 얼마나 괴로울까. 가로등 불빛 환하게 비친 길을 걸으며 끝도 없는 생각에 빠졌다. '공황장애를 가지고 사회생활을 제대로 할 수 있을까?' 얼마큼 걸었을까. 정신을 차리고 보니 오래전에 가족과 함께 자주 걷던 공원에 와 있었다. 아버지와 엄마, 그리고 동생과 함께 배드민턴을 치고 운동하던 곳이었다. 저만큼서 아버지가 뚜벅뚜벅 걸어오시며 '우리 딸 힘내야지'라며 말을 걸어오는 것만 같았.

"아버지!"

그 순간 나는 쓰러지고 말았다. 숨을 조여 오는 고통 속에 간신히 정신을 차리고 엄마에게 전화를 하자 엄마는 한달음에 달려와 나를 안고 통곡하듯 울었다. 집에 돌아와 며칠 동안 나는 패닉 상태에 빠진 채 시간을 보냈다. 울다가 지치면 자고 다시 정신이 돌아오면 내 처지가 한심해서 또 울었다. 어릴 때부터 영특하다는 소리를 듣던 내가 어쩌다 이 지경이 되었는지 모든 것이 원망스럽고 나 자신도 수치스러웠다.

"우선, 니 병부터 고치자. 사람은 몸이 먼저다. 몸이 성해야 공부도 안하것냐."

엄마는 내 옆에서 끊임없이 나를 다독이며 용기를 주었다. 엄마의 거친 손이 내 등을 다독일 때마다 가슴 깊이 숨어 있던 생채기들이 조금씩 아무는 것만 같았다. '그래, 다시 시작하자. 나보다 나를 더 사랑하는 엄마가 있지 않은가!'

그동안 나는 불안으로부터 도망치기 위해서 공부를 했던 것 같다. 당연히 공부가 제대로 될 리 없었다. 물론 편안하지도 않았다. 하지만 이제는 그렇게 피할 수만은 없다는 것을 잘 알고 있다. 거친 세월을 남편 없이 온몸으로 살아온 엄마를 위해서라도 나는 다시 일어나고 싶다. 아니 반드시 일어나야 한다.

 **remind**

불안은 피하지 않고 마주한다

정신분석학의 창시자 지그문트 프로이드는 인간의 마음을 빙산에 비유했습니다. 빙산에서 물 위에 떠 있는 부분이 의식이고 물속에 잠겨 있는 큰 부분을 무의식, 그리고 의식과 무의식의 중간에 전의식이 있다고 했습니다.

의식은 일반적으로 우리가 느낄 수 있는 모든 경험과 감각을 말합니다. 반대로 물속에 잠겨 있는 거대한 무의식은 억압된 관념이나 감정들로 의식 속에 숨어 있다고 봤습니다. 이러한 무의식은 거의 의식되지는 않지만, 우리의 행동을 결정하는 주된 원인이 됩니다. 그렇다면 무의식은 의식과 어떤 관계가 있을까요?

피한다고 피해지지 않는다

소중한 사람을 잃는 것이나 불확실한 미래를 마주하는 것은 우리에게 슬픔과 두려움과 같은 고통스러운 감정을 불러일으킵니다. 정신분석학에서는 우리가 슬픔이나 두려움을 마주하는 것이 너무 고통스러운 경우, 이를 억압하여 무의식 속으로 밀어 넣고, 스스로 의식에서 느낄 수 없도록 만든다고 말합니다. 이때 무의식

속으로 억압시켜놓은 감정들이 의식의 수면 위로 불쑥불쑥 떠오르면, 우리는 불안을 느끼게 됩니다.

우리가 살면서 경험하고 생각한 모든 의식은 시간이 지나면서 전의식의 단계를 거쳐서 무의식 속에 자리 잡게 됩니다. 그러니 무의식은 의식이 뿌려놓은 씨앗인 셈입니다. 그렇게 내면 깊이 숨어버린 무의식은 어떠한 상황이 주어졌을 때 우리의 행동에 강력한 영향력을 행사합니다. 예를 들어 지하철에서 위급한 사람을 구한다든가 강가에서 물에 빠진 사람을 망설임 없이 구하는 사람들에게는 순간적으로 무의식이 강하게 작용합니다. 그런 용감한 사람들의 인터뷰를 보면 대개 비슷합니다.

"위험에 처하는 순간 저도 모르게 뛰어 갔습니다."

이처럼 그들의 강한 무의식이 다른 사람을 구해낼 수 있는 용기로 나타난 것입니다.

사례자의 경우 아버지와의 사별로 인한 슬픔과 이후 불확실한 미래에 대한 두려움이 무의식 깊이 자리 잡았을 것입니다. 아버지를 잃은 슬픔이 채 가시지도 않은 상태에서 홀로 남은 어머니에 대한 책임감까지 더해져서 그를 심리적으로 강하게 압박했습니다. 이런 힘든 상황을 회피하고자 그가 선택한 방법이 사법고시였습니다. 사람들과 부딪히기도 싫고 지하철과 버스 근처는 물론, 사람들이 많이 모이는 곳은 그를 불안하게 하는 장소였습니다. 그런 불편한 감정으로부터 도망치기 위해 공부를 선택했던 것입니다. 하지만 사법고시에 합격했다고 해도 근본적인 문제는 사라지지 않습니다. 그의 잠재된 불안감은 여전히 해결되지 않은 채로 내면에 숨어 있기 때문입니다. 결국 그 응어리가 공황장애를 유발시켰던 것 같습니다. 피한다고 피해질 수 있다면 그것은 이미 병이 아닙니다. 자기 안의 불안과 마주하지 않으면 결코 불안으로부터 안전하지 못합니다.

노출치료, 불안에서 편안으로

불안에 맞서는 방법 중에 강력하고 효과적인 방법 중의 하나가 '노출'입니다. 노출치료는 가장 효과적인 불안장애 치료법 중 하나로 불안한 상황과 대면하면서 차츰 불안감을 완화시키는 방법입니다.

먼저 비교적 불안 증세가 가볍게 나타나는 상황을 정하고, 그 상황에 자신을 처음에는 10분 정도 노출시켰다가 이를 반복적으로 노출시켜봅니다. 이 과정에서 시간을 15분, 20분씩 늘려갑니다. 고통스럽게 느껴졌던 불안감에서 차츰 안정감을 찾아주는 훈련입니다. 즉 불안한 상황에서도 자신이 안전하다는 것을 경험하는 것이 노출치료의 주된 목적입니다.

노출치료를 실시할 때는 두 시간이나 세 시간 정도로 시간을 정하고 규칙적으로 시행하는 것이 좋습니다. 불규칙하게 시행할 경우 오히려 증상을 더 악화시킬 수 있습니다. 치료 시에도 컨디션에 따라 상태가 달라질 수 있지만, 가급적 꾸준히 불안에 노출시킴으로서 불안감을 줄여갈 수 있습니다.

'불안 온도계'를 활용해보는 것도 좋은 방법입니다. 한 번씩 불안에 노출될 때마다 불안의 온도를 체크해보는 것입니다. 예를 들면 1~4는 견딜 만한 불안, 5~8은 힘들게 견딜 수 있는 불안, 9~10은 견딜 수 없는 불안이라고 정합니다. 처음에는 5~8에 해당되었던 불안이 다음에 실시했을 경우 1~4로 낮아졌다면 성공적으로 치료되고 있다고 생각할 수 있습니다.

아기가 걸음마를 배우고 걷기까지 엄청난 실패와 노력이 필요합니다. 어른의 경우도 다르지 않습니다. 손가락이 부러지면 병원에 가서 깁스를 하고 뼈가 제 기능을 할 수 있을 때까지 오랜 시간이 걸립니다. 공황장애는 마음에 상처가 난 것입니다. 약도 바르고 주변의 간호도 필요하지만 나를 괴롭히는 불안과 마주하는 용기도 필요합니다. 그 불안을 피하지 말고 대면하는 것이 가장 빠른 해결책입니다.

 Relax 핵심 불안과 직면하기

불안을 극복하는 가장 좋은 방법은 실제로 경험하는 것이다. 불안하면 할수록 그 대상을 회피하기 쉽다. 하지만 회피하면 불안은 더 크게 자라나고 그 결과 점점 더 불안해지는 악순환을 반복하게 된다. 핵심은 불안을 피하지 않고 마주하는 일이다. 천천히 단계별로 불안과 직면하면서 불안감을 한 꺼풀씩 벗겨나간다.

anxiety free 7

우리 자매에게 찾아온 낯선 손님

국미선

숨이 막힐 듯 더운 여름 날, 예고 없이 찾아온 반갑지 않은 손님이 있었다. 사실은 지금도 두렵다. 아무리 괴로움을 토해내도 남들은 도저히 공감할 수 없다는 것을 안다. 그래서 그동안 감추어온 이야기들을 어떻게 설명해야 할지도 난감하다.

기억하고 싶지 않은 어느 여름날

임신 7개월, 나는 부천에서 광명까지 지하철과 버스로 출퇴근을 하며 무척 바쁘게 살았다. 일과 가사일, 게다가 임산부로서 건강까지 챙기느라 정신없었지만 그럭저럭 무리 없이 생활을 하고 있었다. 그러던 어느 날이었다. 지하철을 탔는데 느닷없이 갑작스런 숨 막힘과 주체할 수 없는 떨림, 그리고 심한 복통이 밀려왔다. 내릴 역이 아직 남았지만 더는 갈 수 없어서 다음 역에서 내린 후 죽을힘을 다해 화장실을 찾아갔다. 점점 조여 오는 숨 막힘도 문제였지만 그 순간 더 겁이 났던 것은 복통이었다. 당시 나는 임신 중이어서 뱃속의 아기 안전에 이상이 있을까 노심초사할 수밖에 없었다. 한 발자국도 움직일 수 없을 만큼 힘이 들었다. 결국 화장실 벽에 기대 앉아 끔찍한 고통과 맞서며 간신히 남편에게 전화를 했다.

"여보, 여기 지하철 역 화장실이야. 한 발자국도 움직일 수가 없어."

"왜 그래? 무슨 일 있어?"

놀란 남편의 목소리를 들으니 갑자기 눈물이 쏟아졌다.

그날 이후에도 비슷한 증상은 반복적으로 일어났다. 예상할 수 없이 벌어지는 이상증세 때문에 나는 어쩔 수 없이 직장까지 그만둬야 했다. 처음에는 지하철에서 시작한 공포가 차츰차츰 범위를 넓혀가더니 나중에는 일상생활에 지장을 줄 만큼 상태가 심해졌기 때문이다. 나는 남편이 없으면 아무것도 할 수 없는 '어른 아이'로 변해갔다. 잠을 자다가도 수시로 악몽을 꾸다 깨기를 반복하며 불면증에도 시달려야 했다. 시도 때도 없이 찾아오는 불안과 공포는 마치 나를 괴롭히러 세상으로 나온 좀비들 같았다. 하지만 남편 이외에 가족 누구에게도 나의 고통을 말할 수 없었다. 그 이유는…… 이 공황의 공포를 나만 앓고 있는 병이 아니었기 때문이다.

몇 달 전, 갑자기 친정엄마에게서 전화가 왔다. 엄마는 울먹이는 목소리로 말했다.

"어쩌면 좋으니, 언니가 쓰러졌단다."

"언니가 왜 쓰러져요? 사고 났어요? 어디 다친 거예요?"

연신 엄마에게 질문을 퍼부었다. 나중에 알게 된 언니의 병명은 바로 '공황장애'였다. 다급해진 나는 하루 종일 공황장애를 검색하며 병을 치료할 수 있는 방법을 찾기에 혈안이 되어 있었다. 사랑하는 언니를 위해서 뭐든 도와주고 싶었다. 그런데 언니의 병이 채 낫기도 전에 나도 공황장애의 덫에 걸리고 만 것이다. 이 사실을 어떻게 가족들에게 말해야 할지 앞이 캄캄했다. '나도 공황장애야.' 가족 누구에게라도 속 시원하게 말하고 싶었지만 도저히 그럴 수 없는 상황이었다.

그러던 어느 날, 더는 버틸 수 없는 상황까지 오게 되자 결국 나는 친정엄마에게 고백을 하게 됐다.

"엄마, 나 공황장애래……."

"뭐…… 뭐라고? 너까지 공황장애라고? 이제 엄마는 어떻게 살라는 거냐. 아이……."

절망적인 상황을 모두 당신 몫으로 받아들이며 엄마는 통곡을 했다. 그 엄마의 우는 목소리에 내 가슴도 무너져 내렸다. 사실 엄마의 비통한 심정은 이미 오래전에 시작되었다. 생각해보면 우리 가족에게는 가슴속에 묻어야 했던 슬픈 비밀이 있었다. 바로 '큰 언니의 죽음'이었다. 큰언니는 내가 중학교 3학년이 되던 어느 날 병원에 실려 간 이후로 다시 볼 수 없는 먼 곳으로 떠나고 말았다. 나는 아직도 이유를 모른다. 가족 중 그 누구도 알려주지 않았기 때문이다. 그렇게 언니의 죽음은 모두의 가슴에 커다란 상처로 남아 있었다. 결코 잊을 수 없는 과거의 일은 지금도 나를 알게 모르게 짓누르는 상처로 남아 있었다.

엄마의 애끊는 목소리를 듣는 순간, 나도 모르는 어떤 한줄기 강한 빛이 나의 뇌 속으로 들어와 꽂히는 것 같았다. 나는 어서 빨리 치료를 해야겠다고 다짐했다. 언니도 모자라 나까지 병에 걸린 이 기막힌 상황을 빨리 수습하고 싶었다. 나는 정신없이 밖으로 뛰어나가 정신건강의학과 간판이 달려 있는 곳이면 닥치는 대로 찾아다녔다. 그리고 다음 날부터 본격적으로 공황장애를 치료하기 시작했다.

불안이 서서히 가라앉기 시작하다

"증상이 심한 편이네요. 신체 반응이 너무 예민해서 치료 기간을 좀 길게 잡아야겠어요."

"몇 달이나 걸릴까요?"

"하하, 그냥 편안하게 마음먹고 치료하면 됩니다."

의사 선생님은 한두 달 요양한다는 생각으로 집에서 편안하게 지내라고 했다. 누구를 만날 수 있는 상황도 아니었다. 의사 선생님의 처방대로 생활의 큰 변화를 주지 않고 되도록 편안하게 지내려고 노력했다. 물론 약간의 부작용도 있었다. 졸림과 무기력한 증상이 있었지만, 이는 내게 휴식이 절대적으로 필요하다는 점을 깨우쳐주었다. 무기력함을 이겨내고자 운동을 시작했는데, 그 덕분인지 얼마 되지 않아 몸과 마음이 눈에 띄게 좋아졌다. 불안한 마음도 점점 가라앉기 시작했다. 병에서 조금씩 회복되자 나는 그동안 만나지 못했던 사람들과 즐거운 시간도 갖고, 또 종교 생활에도 관심을 갖게 되었다. 물론 나보다 좀 더 일찍 공황을 경험한 언니의 위로와 격려가 많은 도움이 되었다.

"운동 끝나면 엄마랑 점심 먹자."
"내일 너 생일인데 백화점에 쇼핑갈까?"

나에게 조금이라도 도움을 주려는 언니의 진심어린 마음이 나를 따뜻하게 감싸주었다. 두 딸이 모두 공황장애를 앓게 되자 당신의 업보 때문이라며 한탄하던 친정엄마도 조금씩 얼굴에 웃음기가 돌아오고 있었다. 남편 또한 나의 변화에 격려를 아끼지 않았다. 공황은 조금씩 나를 변화시키고 있었다. 가족에게도 꺼내기 힘들었던 '공황장애' 이야기를 다른 사람들에게 솔직하게 말할 수 있는 용기도 생겨났다. 작은 변화지만 그런 시도를 통해서 내 안에 남아 있는 불안을 하나씩 던져버리게 됐다. 내가 병을 겪으면서 가장 힘들게 얻은 깨달음은 병을 숨기지 말자는 것이다. 적극적으로 알리고 도움을 구하는 것이 현명한 자세임을 경험을 통해서 절실히 깨닫게 되었다.

하나 둘 제자리로 돌아가는 생활

이제 치료를 시작한 지 7개월이 지났다. 그동안 겁이 나서 가보지 못했던 장소들을 하나씩 다니고 있다. 25층에 사는 이웃집, 사람이 많이 붐비는 영화관, 비가 퍼붓는 날에 운전하기, 더운 날 숨 막히는 지하 공간 등 나에게 극도로 공포감을 주었던 공간에서 이상 없이 일상생활을 할 수 있게 됐다. 이렇게 한 가지씩 불안감을 넘어설 때마다 나 자신에게 칭찬을 아끼지 않는다. '정말 잘했어. 넌 대단한 친구야. 앞으로도 잘 해낼 수 있을 거야.'

지금은 치료를 마무리해가는 과정이다. 아직 몇 가지 두려운 점은 있지만 비교적 잘 다룰 수 있을 정도이다. 공황을 앓으면서 나에게도 한 가지 희망이 생겼다. 처음으로 내가 해보고 싶은 일들을 떠올려보게 된 것이다. 가장 먼저 비행기를 타고 혼자서 해외여행을 가보는 것이다. 전에는 비행기를 타는 것도 혼자 외출하는 것도 너무 두려워서 생각조차 못했었다. 하지만 이제는 실제로 여행을 떠나기 위해 천천히 준비하고 있다.

이 글을 읽는 어느 분에게 만약 그 반갑지 않은 '낯선 손님'이 찾아온다면 이 한 가지를 꼭 전해주고 싶다. 그 손님을 나처럼 무턱대고 쫓아내지 말고 친구처럼 잘 대해주라는 것이다. 손님을 화나게 하지 않고 편하게 대하면 상대도 나를 자극하지 않는다. 그래서 불안과 친해질 것, 그것이 현명한 방법이라는 것을 나는 경험을 통해서 알았다.

 remind

공황은 환경에 민감하게 반응한다

공황장애가 일부 유전적 영향을 받기는 합니다. 그러나 이것도 절대적인 것은 아닙니다. 다만 가까운 가족 중에 공황장애를 경험한 분이 있다면 자신에게도 공황장애가 나타날 가능성이 높다는 사실을 유념할 필요가 있습니다. 유전적 요인에 더불어 환경적 요인도 무시할 수 없는데, 비슷한 생활환경에 노출되어 있다는 것은 그만큼 비슷한 질병 요인에도 노출되어 있다는 의미입니다.

공황장애와 가족력

"혹시 유전이 되나요?" 공황장애를 가진 부모라면 가장 먼저 고민하는 질문입니다. 공황장애는 유전병은 아닙니다. 다만 유전적인 성향은 있습니다. 공황장애 부모 중 한 명이 공황장애를 갖고 있으면 그 자녀가 공황장애를 가질 확률은 4~8배 정도 높아집니다. 공황장애의 평생 유병률이 1.5~3퍼센트이니 대략 10퍼센트 정도 내외로 높아질 수 있습니다. 하지만 너무 걱정할 필요는 없습니다. 90퍼센트 정도는 공황장애가 발병되지 않으며, 그 10퍼센트 확률 내에서도 순수한 유전적인 요소만 있지는 않습니다. 바로 학습적인 요인입니다. 부모가 공황장애로 불안해하는 모습을 보고 자란 아이들은 자신도 모르게 비슷한 대상에 두려워하고 불안해할 수 있습니다. 따라서 실제 유전적인 영향은 매우 낮다고 볼 수 있습니다.

사례자의 경우 두 자매가 비슷한 시기에 공황장애를 경험했습니다. 언니도 모자라 자신까지 병을 앓게 되자 그 사실을 선뜻 부모님에게 알리지 못하고 혼자서 마음고생이 컸습니다. 이렇게 두 자매에게 공황이 찾아온 것은 우연만은 아닐 겁니다. 이럴 때 혹시 유전이 아닐까 의심합니다. 그러나 이 경우 비슷한 상처를 공유한 환경적 요인도 큰 원인입니다. 어릴 적 갑자기 세상을 떠난 큰 언니에 대한 상실감이 두 자매에게 오랫동안 두려운 상처로 자리 잡았습니다. 그 사실은 가족 내에서 누구도 말하면 안 되는 공공연한 비밀이었습니다. 이런 힘든 상황이 두 자매에게 잠재된 스트레스로 다가왔던 것 같습니다.

게다가 사례자는 임신 중에도 직장생활을 병행했습니다. 심신이 지쳐 있는 상태에서 언니의 공황장애 발병 소식까지 접하면서 과도한 공포감이 공황발작으로 표출되었습니다. 이렇듯 심한 공황 상태에서 혼자서는 외출도 못하게 되자 결국 직장까지 그만둬야 했습니다.

이 정도의 공황이 진행되었다면 대부분의 남편이 아내의 상황에 대해 매우 부담스럽게 생각합니다. 정상인의 생각으로 아내의 이해되지 않는 행동들 때문에 오해하고, 아내의 부탁이나 요구를 거절하는 일이 많아집니다. 그런 일들이 반복되면 환자는 마음의 상처가 깊어지면서 우울증을 동반할 수 있습니다.

다행히 사례자의 남편은 아내를 이해하고 정성껏 보살펴주었습니다. 다만 병원치료에 대한 오해로 다소 치료가 지연될 수 있었지만 현명하게 치료를 시작해서 공황장애 증상이 많이 호전되었습니다. 약물치료를 받게 되면 공황장애 환자들 중 7~80퍼센트는 2~3개월 이내 증상이 많이 호전됩니다. 하지만 증상이 호전되었다고 완치된 것이 아니어서 지속적인 약물치료나 기타 환자에게 알맞은 심리치료가 병행되어야 합니다. 성급한 마음과 지나친 자신감으로 약물을 중단하게 될 경우 증상이 재발되면 치료기간이 더 길어질 수 있습니다.

유전과 환경

인체는 물 71%와 탄소 18%, 질소 4%, 칼슘 2%, 인 2%, 나머지 소량의 유기물로 이루어져 있습니다. 이러한 기본 설계도에 따라 조상으로부터 변함없이 이어져 내려오고 있는 것이 바로 '유전'입니다. 유전에는 유전물질을 형성하고 있는 유전자가 있는데, 이 유전자는 개인의 신체적 특징을 고스란히 담고 있습니다.

가족들 간에는 외모는 물론 신체적 특징이나 성격이 많이 닮아 있습니다. 가족은 동일한 유전자를 공유하기 때문입니다. 따라서 동일한 질병을 경험할 확률이 높아지는 것은 어쩌면 당연한 일입니다. 주변에서 보면 '아버지가 대머리여서 나도 대머리가 될 거야'라든가 '어머니가 당뇨를 앓고 있어 나도 당뇨병 인자를 가지고 있을 거야'라는 예측도 가능합니다. 실제로 연구들을 통해 암과 같은 질병도 유전에 의한 발병률과 연관돼 있음이 밝혀지고 있습니다. 물론 일반적인 사람들보다 발병할 확률이 높다는 것이지 유전적 요인으로 동일한 질병에 반드시 걸린다는 의미는 아닙니다. 오히려 가족 간의 질병에 대한 정보를 잘 종합하여 유전적 취약성을 극복하고 완치율을 높일 수 있습니다.

공황장애는 대부분 하나의 유전자에 의해 발병하지 않고, 다수의 유전자가 발병과 동시에 기여하거나 유전과 환경이 복합적으로 작용하고, 이들의 효과를 합한 값이 역치를 넘어설 때 질병이 발병한다고 여겨집니다. 따라서 비슷한 정도의 유전적 소인이 있더라도, 살면서 겪게 되는 환경적 스트레스의 정도에 따라 발병하기도, 혹은 발병 없이 살아가기도 합니다.

 Relax 도움을 요청하기

공황장애는 눈에 띄는 신체적 이상이 발견되지 않기 때문에 자칫 꾀병으로 오해받기 쉽다. 그 상황에서 당사자는 더욱 고립되고 병을 숨기기에 급급하기 쉽다. 이럴 때 가족의 이해와 도움이 절대적으로 필요하다. 불안과 공포에 시달릴 때 의지할 수 있는 가족이 곁에 있다는 것만으로도 환자에게는 큰 힘이 되기 때문이다.

Part
2
치유하기

내 안의
불안을 다스리는 법

anxiety free 8

왜 나는 아프다고 말하지 못했을까?

조계희

가을이 깊어가는 산길을 걷다가 볼 주머니를 빵빵하게 채운 다람쥐 한 마리를 만났다. 내 앞으로 재빠르게 지나가는 녀석의 귀여운 모습에 저절로 입가에 미소가 돌았다. 자연의 섭리에 따라 살아가는 생명을 가진 모든 것들, 이들에 대한 감탄과 애정이 흘러나온다. 이 모든 것이 공황장애라는 병과 함께 지난 3년 동안 내가 얻은 소중한 보물들이다.

어느 날 찾아온 무서운 손님

2008년 7월 어느 날 아침. 다른 날과 다르지 않게 남편과 세 아이들이 회사와 학교에 가고난 후 청소를 하고 혼자만의 여유를 즐기고 있었다. 라디오를 켜고 음악 방송을 들으며 내 입에 맞는 커피 향을 맡으며 소파에 앉아 있었다. '오늘은 또 얼마나 더울까. 가족들이 맛있게 먹을 시원한 음식이라도 만들어야겠다.' 그렇게 행복한 고민을 하던 순간이었다. 갑자기 가슴이 철렁 내려앉는 느낌과 함께 등줄기로 후끈거리는 열기가 심장을 때리기 시작했다.

"쿵! 쿵!"

순식간의 일이었다. 갑자기 어지럼증과 심장이 조여드는 느낌으로 한 발자국도 움직일 수가 없었다. '이게 뭐지? 말로만 듣던 돌연사를 내가 당하는 건가?' 간신히 전화기가 있는 곳으로 갔지만 손이 떨리고 정신이 아득해져 도저히 버튼을 누를 수가 없었다. 이대로 빈집에서 죽을 수는 없다는 생각에 무작정 문을 열고 밖으로 뛰쳐나왔다. 엘리베이터를 타고 1층으로 내려오는 동안 '나는 지금 지옥으로 가고 있구나'라는 생각이 들면서 온몸이 마비되는 것만 같았다. 엘리베이터 문이 열리자 나는 죽을힘을 다해 경비아저씨를 불렀다.

"아저씨! 아저씨! 저 좀 살려주세요. 저 지금 주…… 죽어요. 119…… 119요."

경비실에서 졸고 있던 아저씨가 놀란 눈으로 급하게 뛰어 나왔다.

"어, 왜 그러세요. 정신 차리세요."

"119요······ 119"

"119가 몇 번이죠?"

아저씨는 당황했는지 119가 몇 번이냐고 물었고 나중에서야 119에 전화를 걸어주었다. 구급차가 오는 동안 아저씨는 나를 의자에 앉히며 안정시키려고 했지만, 공포에 질린 나는 숨을 건너뛰며 컥컥거리고만 있었다.

그날 나는 생전 처음 구급차에 실려 갔다. 구급대원이 알려주는 호흡법을 따라하면서 조금씩 안정을 찾았지만 공포심은 여전히 나를 짓누르고 있었다. 응급실에서 각종 검사를 한 결과, 놀랍게도 아무 이상이 없다는 결과가 나왔다. 그날 이후 일주일 동안 두세 번 같은 증상으로 응급실에 실려 가야 했다. 상태는 더 심각해져서 화장실도 남편이 문 밖에 있어야 편안하게 볼일을 볼 수 있었다. '공황장애'라는 낯선 손님은 그렇게 찾아왔다.

하나씩 드러나는 마음 속 상처

나는 한 달 동안 입원해서 약물치료와 함께 상담치료를 받았다. 상담 치료를 통해 내 안에 억눌려 있던 상처들을 쏟아내기 시작했다. 왜 나는 그동안 아프다고 말하지 못했을까? 내가 약한 사람이라는 것을 들키기 싫어서? 아니면 이 정도쯤은 참아야 한다고 생각했을까? 어쨌든 상담은 자연스럽게 내 마음의 빗장을 풀어주었다. 첫 남편과의 사별, 갑작스런 교통사고로 돌아가신 친정어머니, 젊은 나이에 세상을 떠난 남동생, 재혼한 남편의 아이들과의 갈등까지 그동안 나는 상처들을 그저 꾹꾹 눌러 담고 있었던 것이다. 그 많은 일들을 겪으면서 살아온 내 자신이 한심하기도 하고 또 대견하기도 했다.

일주일 후 병실 밖으로 한 발자국도 못나갔던 나는 엘리베이터를 탈 수 있는 정도로 많이 호전되어 있었다. 식당에서 식사도 하고 멀리 떨어져 있는 슈퍼에서 음료수를 살 수 있을 정도가 되자 이제는 집에 돌아가고 싶어졌다.

"선생님! 저 이제 집에 가도 잘 이겨낼 수 있을 것 같아요. 퇴원하면 안 될까요?"

의사 선생님은 집에 가서 하루 적응해보고 결정하라고 했다. 나는 남편과 아이들의 손을 잡고 병원 문을 나섰다.

"이제 문제없을 거야."

하지만 집에 들어서는 순간 공포감이 밀려오며 가슴이 뛰기 시작했다.

"여보, 병원!"

나는 한 시간 만에 다시 병원으로 돌아와야 했고, 그렇게 몇 번의 시도 끝에 한 달이 지나서야 집에 돌아올 수 있었다. 집에 돌아온 후에도 혼자 있는 시간을 피하기 위해 아이들이 학교를 가고 나면 얼른 약을 먹고 잠을 청했다. 몇 번의 예기불안이 있었지만 다행히 잘 이겨나갔다. 조금씩 증세가 호전되면서 예전의 일상으로 돌아온 듯싶었다. 그러나 몇 달 후 다시 어지럼증과 이명을 동반한 두통이 시작되었다. 그것은 공황장애의 재발을 알리는 신호탄이었다. 의사 선생님은 약물치료와 함께 '인지행동치료'를 받아보자고 제안했다.

  그렇게 8주간에 걸친 인지행동치료를 받으면서 나는 나와 같은 병을 가진 사람들을 만날 수 있었다. 각자의 증상은 비슷했지만 걸어온 길은 모두가 달랐다. 수능시험장에서 공황발작을 일으킨 재수생, 강도를 당한 경험으로 밤마다 공포에 시달리는 아기 엄마도 있었다. 나는 그들과 이야기를 나누면서 서로의 고통을 공감할 수 있었다. 이 시간 동안 무엇보다 같은 환우들과의 교류는 나에게 더할 수 없는 치료제였다.

가족의 이해와 적극적인 치료

내 안의 불안을 마주하면서 생활에도 많은 변화가 생기기 시작했다. 지난날 내 자신보다 주변의 상황이나 타인의 시선을 의식했다면 이제는 내 자신에게 좀 더 충실하려고 노력한다. 요즘은 가족들의 적극적인 지지를 받으며 여행을 다니고 문화센터에서 공부도 하며 하루가 짧게 느껴질 정도로 바쁘게 살고 있다. 이런 행복을 만들어준 것은 역시 가족이었다. 휴가를 내고 매일 특별한 사람이 된 것처럼 성심성의껏 나를 일으켜준 남편과 어느 곳을 가더라도 동행을 마다하지 않던 아이들이 있어 나는 불안에서 빨리 벗어날 수 있었다. 또, 인지행동치료를 통해 만났던 친구들. 그 모두가 나에게는 소중한 사람들이다. 어느 날 갑자기 찾아온 낯설고 무서웠던 손님을 그들과 함께 있었기에 잘 떠나보낼 수 있었다.

지금도 어쩌다 한 번씩 불안한 느낌이 찾아오지만 그럴 때마다 심호흡을 하면서 불안을 익숙한 손님처럼 맞고 있다. 공황장애는 갑자기 찾아와 내 삶을 뿌리째 흔들었지만 그 덕분에 지금의 새로운 나를 만나게 되었다. 되돌아보면 세상의 모든 일들에는 다 의미가 있다는 것도 깨닫게 되었다. 오늘도 도서관이 있는 뒷산을 오르며 어깨를 활짝 펴고 다시 한 번 심호흡을 크게 해본다. 그리고 남들과는 다르게 나는 불안을 감지하는 고성능 안테나를 가졌을 뿐이라고 스스로에게 속삭여본다.

 remind

나를 잘 돌보는 사람이 건강하다

사례자에게는 예기치 못했던 많은 어려움이 있었고, 그 어려움을 견뎌내는 과정에서 부득이 공황장애가 찾아왔습니다. 그럼에도 불구하고 모든 어려움을 감동적으로 극복한 그에게 진심으로 응원의 박수를 보냅니다.

나는 최고의 치료자

인간은 의식적 무의식적으로 위험을 감지하게 되면 자신을 보호하기 위해 불안 체계를 작동시킵니다. 즉 스트레스 호르몬을 방출하여 교감신경계를 활성화시키고 자신의 신체를 순식간에 싸우거나 도망치기에 적합한 전투태세로 만들어놓는 것입니다. 이때 공황장애 환자들은 교감신경의 활성화가 거의 폭발적으로 일어나는 과민성을 갖고 있어서 신체의 불균형을 초래하게 됩니다. 공황은 이때를 놓치지 않고 우리의 마음을 혼란스럽게 합니다. 때문에 공황을 효과적으로 치료하기 위해서는 부교감신경계를 활성화시켜서 교감신경계를 가라앉혀야 합니다.

그런데 그 역할을 약물에만 전적으로 의존할 수는 없습니다. 또 의사에게만 맡겨둘 수도 없습니다. 가끔 어떤 환자분은 진짜

병이 났으면 좋겠다며 하소연을 합니다.

"선생님, 차라리 그냥 심장병에 걸렸으면 좋겠어요. 그럼 한 번의 수술로 끝나잖아요. 이렇게 치료기간이 오래 걸리면 제대로 살아갈 수 있을까요?"

물론 충분히 잘 살아갈 수 있습니다. 공황장애는 반드시 나을 수 있는 병입니다. 이럴 때일수록 나 자신이 가장 중요한 치료자라는 사실을 기억해야 합니다. 스스로 자신의 병을 인식하고 치료를 위해 적극적으로 행동하지 않으면 안 됩니다. 이것이 치료의 핵심입니다. 세상에 나만큼 나를 잘 돌볼 수 있는 사람은 없습니다.

나의 상태를 알고서 행동한다

공황장애에서 많이 실행되는 치료방법 중 하나가 인지행동치료입니다. 사례자도 이 치료를 통해 병을 극복할 수 있었다고 고백합니다. 그렇다면 여기서 인지행동은 무엇을 의미할까요? 인지(認知)란 어떤 일이 일어날 것을 미리 안다는 의미입니다. 예를 들어 공황장애 환자가 '지하철을 타면 쓰러지게 될지도 몰라'라고 생각하는 것이 '인지'입니다. 이런 생각을 한 후에 나타나는 신체 반응이 바로 '행동'입니다. 공황장애의 경우 인지와 동시에 가슴이 두근거리고 숨이 막혀오는 증상이 신체적 행동으로 나타납니다.

인지행동치료는 혼자보다는 집단으로 실행할 때 더욱 효과적입니다. 혼자서는 시도하지 못했던 일들을 여럿이 함께 행동하면서 더 수월하게 해결해나갑니다. 또, 환자인 내가 다른 사람을 치료하는 '의사'의 입장에서 공황장애를 객관적으로 바라볼 수 있습니다.

인지행동치료의 초기에는 병을 스스로 인식하고 조절해나가는 다양한 기법들을 배우게 됩니다. 그리고 단계별로 불안에 서서히 노출되고 적절한 행동을 취해보면서 차츰 공황에 대한 두려움을 줄여나가게 됩니다. 이런 과정을 통하여 불안을 느끼기 쉬운 장소에서도 스스로 안전하다는 사실을 확인할 수 있습니다. 이것은 스트레스 호르몬이 더 이상 영향을 주지 않게 하여 신체를 안전하고 평화로운 상황에 맞추어 놓습니다. 이런 점에서 자신이 100퍼센트 안전하다는 믿음을 갖는 것이 가장 빠르고 효과적인 치료입니다. 인지행동치료는 이러한 믿음을 각인시키는 매우 효과적인 치료방법 중 하나입니다.

가족의 힘이 가장 필요할 때

몸과 마음이 아프고 힘들 때 가족의 사랑은 그 어떤 치료보다 강력한 힘을 발휘합니다. 가족은 무엇이든 대신해주고 싶은 마음이 있습니다. 그러나 자칫 잘못하면 환자 스스로 일어나려는 의지를 느슨하게 할 수 있습니다. 따라서 도와는 주되 마지막에는 자신의 힘으로 일어설 수 있도록 격려해주는 게 좋습니다. 가족 중에 공황장애를 앓고 계신 분이 있다면 아래의 사항들이 큰 도움이 됩니다.

● 가족의 보호와 격려

누군가로부터 이해받는다고 느낄 때 병도 빨리 호전됩니다. 특히 가족의 경우 그 영향은 매우 큽니다. 그래서 가족들이 늘 곁에서 환자를 지켜봐주면 좋습니다. 또, 환자가 어려운 상황과 마주칠 때, 그 상황을 직면할 수 있도록 격려해주도록 합니다.

● 치료과정에 대한 이해

공황장애는 자칫 꾀병으로 오해받기 쉽습니다. 그래서 환자의 고통을 이해하기 어려운 경우가 많습니다. 이럴 때일수록 가족들이 병을 정확히 이해하고 치료에 적극 협조해주어야 합니다.

● 침착하고 긍정적인 태도

대체로 공황장애 환자들은 완벽주의 성향과 자신에게 엄격한 태도를 갖고 있습니다. 또, 치료가 더디다고 불안해하는 경우도 있습니다. 이럴 때는 서두르지 않도록 편안하게 대해주고, 균형 잡힌 시각을 갖도록 도와주어야 합니다.

● 재발에 대한 대비

어느 정도의 재발은 치료과정에서 흔히 일어납니다. 또 재발도 있어야 한 단계씩 더 좋아질 수 있습니다. 재발로 인하여 혼란스러워하는 환자에게 가족들이 용기를 주어야 합니다.

Relax 자조 모임에 참여하기

병은 자랑하면 할수록 빨리 낫는다고 한다. 혼자서 '왜 하필 나에게 이런 일이 생겼을까?' 하며 원망하기보다 나의 고통을 나눌 만한 사람들을 찾아가본다. 고통의 경험을 함께 나누면서 위로를 주고받는다. 건강한 사람은 불안을 느끼지 않는 게 아니라 자신의 불안을 적극적으로 치유해 나가는 사람이다.

anxiety free

내 안의 불안 잠재우기

박홍균

결혼한 지 몇 년이 지나도 아내와 친가의 문제로 다투는 일은 좀처럼 줄지 않았다. 오히려 점점 더 심해졌다. 서로 익숙해져 수월할 줄 알았는데 오히려 오해와 미움은 점점 극으로 치닫고 있었다. 어머니와 아내 사이에서 잘 조율하면 원만하게 지내게 될 거라 생각하고 이쪽저쪽 편을 들다보니 어느새 감당하기 어려운 지경에 이르게 됐다.

스트레스가 나를 덮치다

"왜 모두 나한테만 책임을 떠넘기는 거야? 당신 집안일은 당신이 알아서 해."

"알았어! 매일 똑같은 문제로 싸우는 것도 지겹다, 지겨워!"

"어쩜 사람들이 염치가 없어."

"그래 알았어! 내가 염치없이 집에 있었네. 내가 나간다, 나가!"

아내와 어머니의 갈등에 지쳐 있었던 나는 급기야 아내와의 말다툼 끝에 집을 나와 버렸다. 가장으로서 자리를 잡지 못하고 휘둘리고 있는 나 자신이 처량하기만 했다. 큰소리 치고 집을 나왔지만 마땅히 갈 곳을 정하지 못했다. '단 며칠이라도 안 들어갔으면 좋겠어.' 진심으로 며칠만이라도 사라지고 싶었다. 나는 가능한 한 멀리 있는 친구와 친척을 기억해냈다. '아! 구미로 가자.'

경북 구미에는 친하게 지냈던 형이 살고 있었다. 그 형이라면 나를 반겨줄 것 같았다. 나는 횡성에서 출발하여 영동고속도로 달리기 시작했다. '이번 기회에 아내와 이혼을 해야겠어. 더 이상 이대로 사는 건 지옥이야.' 온통 그런 생각에 몰입해 있다 보니 차는 어느새 영동고속도로를 빠져나와 중부고속도로를 타고 있었다. 중부고속도로에 들어서자 비로소 내가 멀리 왔다는 사실이 실감이 났다. 늦은 밤이라 고속도로를 달리는 차들이 별로 많지는 않았지만 과속으로 인한 속도감이 위협적으로 다가왔다.

얼마쯤 달렸을까. 갑자기 몸이 이상해졌다. 심장이 요동치고 호흡이 가빠지더니 어지럽고 구토증상이 나타났다. 급히 차를 갓길에 대고 가드레일 밖으로 나가 토하려고 했지만 내용물은 나오지 않고 숨 막힘만 심하게 느껴졌다.

"으윽, 헉헉."

땅이 반으로 갈라지면서 나를 잡아당겼다. 나 혼자 세상에서 사라질 것만 같았다.

"여…… 보…… 세요. 119죠?"

간신히 내가 있는 위치를 알리고 구조요청을 했다. 119가 오는 몇 분의 시간이 아득하게 느껴졌다. 결국 나는 병원에서 공황장애 진단을 받고 환자가 되어 집으로 돌아왔다.

극심한 공포 속으로

'내가 공황장애라고? 믿을 수 없어.' 나의 병을 인정할 수 없었던 나는 공황장애에 대해 공부를 시작했다. 하지만 결과는 참담했다. 책 속에 나와 있는 모든 증상은 나의 증상을 그대로 옮겨 놓은 것이었다. 부정할 수 없는 증상 앞에서 나는 백기를 들고 나의 병에 대해 인정할 수밖에 없었다. 이제는 빨리 치료를 받아야겠다고 생각했다. 정기적인 상담치료와 약물치료를 병행하면서 충실하게 치료에 임했다. 치료 중에도 가끔 발작 증상이 나타났지만 참을 수 있을 정도였다. 그 과정에서 음주 후에는 예외 없이 발작증상이 심해진다는 것을 알게 되었다. 그때의 발작은 30층 건물 꼭대기에서 동아줄로 사람을 거꾸로 매달아놓고 칼로 동아줄을 조금씩 자를 때, 그 줄에 매달린 사람이 느끼는 공포와 비슷했다. 의사 선생님은 호전되는 것 같다가 심해지기를 반복하는 나를 위로해주었다.

"너무 조급하게 생각하지 마시고 조금 여유 있게 생각하세요. 다른 환자분보다 조금 심각한 건 사실이지만 치료하면 천천히 좋아질 겁니다."

나는 조급한 마음을 내려놓고 천천히 치료하리라 마음먹었다. 그러나 그런 마음도 잠시, 그 즈음 친한 친구의 죽음을 접하면서 나의 공황발작은 또다시 나를 괴롭혔다. 아내와의 관계도 개선되지 않은 채 스트레스만 쌓여갔다.

공황발작의 공격과 아내의 스트레스로부터 도피하기 위해 나는 취미생활인 스킨스쿠버에 더 매달렸다. 그것만이 공황장애를 견딜 수 있는 유일한 치료제라고 생각했다. 그러던 어느 날 좋지 않은 기상 조건에도 불구하고 자만심에 수심 33미터까지 잠수를 하게 되었다.

"오늘은 하지 않는 것이 좋겠어. 날씨가 너무 안 좋아."
"이 정도면 충분해. 바다 속은 이것보다 더 잠잠하겠지."

동료들의 걱정을 뒤로 하고 나는 잠수를 감행했다. 깊은 잠수는 나의 모든 혼란스러운 상황들을 고요하게 해주었다. 세상의 모든 걱정에서 벗어나서 나만의 공간에 온 듯 아늑하고 편안했다. 그때 갑자기 이상한 느낌이 들었다. 순간적으로 전신이 마비되고 심장이 요동치면서 머리가 어지러워졌다. '아! 그래 이

대로 죽는 건가?'

그렇게 조류가 흐르는 순간, 불현듯 아내와 아이들의 얼굴이 떠올랐다. '안 돼. 사랑하는 이들을 두고서 죽을 수는 없어.' 나는 안간힘을 다해 손가락을 움직이며 부력조절조끼에 공기를 넣어서 부상을 시도했다. 수온이 따뜻해지는 15미터를 지나자 거짓말처럼 마비가 풀렸다. 나는 그렇게 공황장애 속으로 깊숙이 빠져 들어갔다.

예기불안에 대한 불안

공황발작을 반복하면서 생긴 것이 '예기불안'이었다. 가장 심하게 나타나는 예기불안은 높은 곳에 있을 때 찾아왔다. 어쩌다 고층에 사는 친척집을 방문하면 30분을 머물러 있기가 힘들었다.

"여보! 지금 가면 안 돼?"

"온 지 몇 분이나 됐다고 그래. 오랜만에 만났는데 좀 놀다 가면 안 돼요?"

"지금 가야겠어."

"아휴, 진짜 왜 그래요? 어린애처럼."

나로서는 1분 1초가 힘든 시간이었다. 똑같은 아파트도 1층은 괜찮지만 높은 층으로 가면 몸이 먼저 알고 반응했다. 당시 우리 집은 아파트 7층이었는데 공포가 심해 3층으로 이사를 해야만 했다. 3층으로 이사한 후 엘리베이터를 타지 않아도 되니

고소공포증에 대한 스트레스는 조금 줄어들었다.

　나의 직업상 강릉이나 춘천을 자주 왔다 갔다 해야 했는데, 고속도로의 높은 다리를 지날 때면 어김없이 예기불안으로 공포감에 시달려야 했다. 차가 다리 밑으로 추락할 것 같아 핸들을 잡은 손에 얼마나 힘을 줬는지 손이 잘 펴지지 않을 정도였다. 하는 수 없이 장거리 운전을 해야 할 때는 아내가 동행했다. 아내가 옆에 있으면 편안하게 운전을 할 수 있었기 때문이다.

　"당신이 옆에 있어 증상이 덜해지는 거 같아."

　"그러게 진작 좀 잘했으면 병에 걸리지 않았을 거 아니야."

　"내가 미안했어. 당신 힘든 거 알았어야 했는데 시댁에 잘해야 되는 건 당연하다고 생각했어."

　"나도 뭐 잘 한 건 없지……."

　그토록 치열하게 싸우며 이혼까지 마음먹었던 아내에게 위안을 얻고 있었다. 아내와 함께 하는 시간이 많아지면서 사소한 스트레스가 없어지고 내 자신이 편안해지는 느낌이 들었다. 그렇게 몇 년을 아내와 함께 다니면서 아내의 마음을 이해하게 되었고, 아내 역시 나의 입장을 이해해주는 든든한 버팀목이 되어 주었다.

공황장애는 내 인생의 스승

의사 선생님은 내 상태를 정확히 읽어내시곤 상황에 대처하는 방법을 알려주셨다. 특히 나의 경우 치료의 핵심은 예기불안 상태를 만들지 않는 것이었다. 이를 위해서는 '괜찮을 거야'라는 마인드컨트롤 훈련이 중요했다. 증상에 시달리다 보면 몇 가지 예기불안이 있다는 것을 알게 된다.

예를 들어 신체의 특정 부위가 좋지 않으면 그 사실을 뇌에 전달하여 공포를 유발하게 되는데, 나의 경우엔 배변활동이 원활하지 못해 아랫배가 더부룩할 때 몸이 매우 불안해하고 있다는 것을 알았다. 그 증세를 알아차리고 바로 변비 증상을 개선했다. 배변 활동이 원활해지자 그토록 고통스럽게 찾아오던 예기불안도 발길을 뚝 끊었다. 또한 환절기 온도의 급격한 변화로 몸의 밸런스가 깨지면 쉽게 불안 상태로 넘어간다는 사실을 알아냈다. 그럴 때면 온도변화에 대비해 차 안에 여러 벌의 옷을 따로 준비하면서 불안해질 수 있는 상황들을 미리 차단했다. 공황발작에 대한 대비가 제법 효과를 거두자, 주변 사람들이 내게 자신의 증세를 숨기지 않고 물어오기도 했다.

"선배, 내 친구가 얼마 전 한밤중에 전화해서 갑자기 죽을 것 같다고 집에 와달라고 전화를 하더라고요. 혹시 공황장애 아닐까요?"

"형, 버스에 탔는데 갑자기 답답해지고 숨쉬기가 힘들던데 이것도 혹시 공황장애 아닐까요?"

공황장애 증상에 대한 질문에서 가벼운 신체 이상까지 모두들 나에게 물어왔다. 생각해보면 우리의 신체는 단순한 것 같아도 참 많은 변수들이 숨어 있다. 그것들이 언제 어떻게 나에게 올지는 아무도 알 수 없다. 우연히 떠돌던 경우의 수들 중 한 가지가 나에게 공황장애라는 모습으로 왔고 나는 그것을 통해 많은 것을 배웠다. 공황장애는 내게 어느 정도의 고통은 주었지만 무엇이 행복인지를 가르쳐준 스승이기도 했다. 치열하게 부딪히기만 했던 아내와의 관계도 자연스럽게 해결되었다. 그것도 공황이 나에게 가져다준 선물이다. 평범한 일상의 행복이 그저 감사할 뿐이다.

 remind
예기불안에 주눅 들지 않는다

저 멀리 바다에서 해일이 밀려오고 있습니다. 해일이 밀려오는 동안 서둘러 위험에 대피하면 해일의 피해로부터 안전할 수 있습니다. 반대로 해일이 오는 것을 보지 못하거나 설사 보고서도 그 대피가 늦어지면 영락없이 큰 파도에 쓸려가 버리고 맙니다.

예기불안은 해일과 같습니다. 파도가 밀려오듯 불안감이 스멀스멀 다가오는 느낌, 이것이 바로 '예기불안'입니다. 이때 예기불안에 적절하게 대처한다면 다행히 공황발작이라는 위험을 피할 수 있습니다. 반대로 예기불안의 습격을 피하지 못하면 꼼짝없이 발작의 고통을 겪을 수밖에 없습니다. 결국 공황장애란 예기불안을 어떻게 효과적으로 다루느냐에 따라 그 성패가 달려 있습니다.

예기불안은 일종의 신호다

예기불안이란 어떤 상황이 일어날 것이라 확신하고 미리 두려워하는 것입니다. 이 예기불안의 신호를 미리 감지하여 대처한다면 곧 닥쳐올 공황발작의 위험으로부터 스스로를 안전하게 보호할 수 있습니다.

안타깝게도 사례자는 예기불안에 대한 공포심이 상당히 컸습니다. 예기불안으로 자신의 몸과 마음이 얼마나 끔찍하게 고통을 받는지를 생생하게 경험했기 때문입니다. 오죽했으면 "30층 건물 꼭대기에서 동아줄로 사람을 거꾸로 매달아놓고 칼로 동아줄을 조금씩 자를 때, 그 줄에 매달린 사람이 느끼는 공포와 비슷했다"고 토로했을 정도입니다. 예기불안은 공황발작을 경험한 후에 나타나는 증상인데 이런 불안 증상이 많아질수록 신체적 기능은 떨어지게 됩니다. 그것은 곧 면역력 약화로도 이어질 수 있으며, 발작은 이때를 놓치지 않고 다시 공격합니다. 영화배우 이병헌 씨도 예기불안의 고통을 고백한 적이 있습니다. 그가 라디오 방송 도중 느닷없이 테이블 밑으로 들어가 숨었던 적이 있는데, 당시 그는 '이성과 몸의 싸움'이라는 말로 예기불안의 고통을 토로했습니다. 다행히 그는 예기불안을 즉각적으로 잘 대처해서 사고 없이 방송을 마무리 지었습니다.

사례자의 경우 처음에는 예기불안 때문에 운전도 하지 못할 만큼 일상생활이 매우 힘들었습니다. 하지만 그는 언제 어떻게 예기불안이 자신에게 찾아오는지를 꼼꼼하게 파악했고, 그 예기불안을 차단하기 위해 식단을 개선하고 체온을 조절하는 등의 세심한 노력을 기울였습니다. 더불어 가족들의 이해와 격려, 그리고 병을 이기겠다는 강한 의지로 위기의 상황을 잘 넘어왔습니다. 이제는 자신의 공황장애 경험을 다른 사람들과 나누면서 건강한 삶을 살아가고 있습니다.

불안은 혼자 오지 않는다

"당뇨병은 당뇨병 자체로 죽는 것보다 합병증으로 죽는 경우가 더 많대."

주위에서 흔히 듣는 합병증에 관한 말입니다. 대체로 질병은 혼자서 오지 않습니다. 외과적 질환의 경우 다리가 찢어지면 다리를 꿰매는 것으로 끝납니다. 그러나 정신건강의과의 질환은 한 가지 질환으로 진단내리기 힘든 경우가 많습니다.

특히 공황장애는 우울증, 각종 공포증을 포함한 불안장애, 알코올을 포함한 물질 남용 및 중독 등 다른 모든 정신질환과 함께 나타날 수 있습니다. 공황장애 환자들의 약 91퍼센트가 다른 정신질환을 함께 갖고 있다는 연구결과도 있습니다. 그리고 약 30퍼센트 정도는 우울증을 함께 갖고 있는 것으로 나타났습니다. 또한 두 질환을 함께 갖고 있는 환자들 중 3분의 1정도는 공황장애 이전에 우울증을 이미 앓았던 경험이 있으며, 3분의 2정도는 우울증상을 경험하거나 혹은 경험한 후에 처음으로 공황발작을 경험하게 된다고 합니다.

뿐만 아니라 공황발작이나 불안증상을 달래기 위해 많은 환자들이 알코올을 포함한 물질에 의존하기도 하며, 이로 인해 이차적으로 물질 남용 및 중독과 관련된 문제가 생기기도 합니다.

이처럼 다른 정신질환을 앓고 있는 사람들에게서 공황발작이 함께 나타나는 경우, 그 질환의 경과 및 예후에 영향을 끼칠 수 있습니다. 또한 공황장애를 앓고 있는 환자가 우울증 및 다른 정신질환을 함께 앓고 있는 경우 그 치료 과정 자체가 훨씬 더 복잡하고 치료 기간도 길어질 수 있습니다.

한편 공황장애의 경우 다른 불안장애와도 함께 나타날 수 있는데, 공황장애 환자 중 15~30퍼센트는 사회불안장애, 2~20퍼센트 정도는 특정 공포증, 15~30퍼센트 정도는 범불안장애, 2~10퍼센트는 외상후 스트레스장애, 그리고 30퍼센트는 강박장애를 함께 앓고 있는 것으로 알려져 있습니다.

- **광장공포증**

공공장소나 군중이 많은 곳, 밀폐된 곳 등 쉽게 빠져나올 수 없을 것 같은 곳을 두려워하게 된다. 공황장애와 가장 밀접한 관련이 있는 불안장애로 광장공포증과 공황장애가 함께 동반되는 경우, 공황발작이 일어날 것 같은 장소를 회피하게 된다.

- **사회불안장애**

타인의 비판적 평가에 대한 불안으로 강한 회피반응을 보이거나 사회적 관계에서 불쾌감을 느끼기 쉽다.

- **특정 공포증**

비행기, 주사, 동물 등 특정 대상에게 공포감을 느낀다.

- **범불안장애**

모든 일에 지나치게 걱정이 많다. 건강, 학업, 직업, 육아에 대한 걱정 등.

- 외상 후 스트레스장애

전쟁, 사고, 폭력, 성폭행 등 정신적 외상 후에 나타나는 격렬한 심리적 반응이다.

- 강박장애

원치 않는 생각이 반복적으로 떠올라(오염에 대한 생각, 안전에 대한 불신, 성적이거나 공격적인 생각 등) 불안을 느끼게 되고, 이러한 불안을 해결하기 위해 특정한 행동(숫자 세기, 손 씻기, 물건 나열하기, 반복 확인행동 등)을 하며 고통을 경험하게 된다.

 Relax 불안일기 써보기

어떤 상황을 말이나 글로 표현할 수 있다면 이미 그것을 관리할 수 있는 능력이 생긴다. 불안과 관련된 모든 행동과 생각, 감정, 신체 반응 등을 불안 일기에 기록해본다. 불안한 상황에 직면한 후 바로 기록하는 것이 효과적이다. 가능한 한 자신의 모든 느낌을 솔직하게 쓴다.

오직 갈색봉투만이 나의 구세주였다

이미래

'그날' 이후 모든 것이 변했다. 나는 내 이름이 적힌 갈색봉투 없이는 단 하루도 버틸 수 없는 사람이었다. 그 어디에도 갈 수 없고 아무것도 할 수 없는, 그야말로 '약물중독자'였다.

클럽에서 죽음과 마주치다
나는 강원도에 있는 학교에 다녔다. 서울 집에서 강원도 학교까지 매일 세 시간씩 버스를 타고 왕복해야 하는 끔찍한 생활이었다.
 "버스에서 잠은 실컷 잘 수 있겠네."

"와! 매일 여행하는 기분이겠다."

친구들은 위로랍시고 부러운 듯이 얘기했지만 강원도까지 통학하는 일은 여간 고역이 아니었다. 성격이 조금 예민한 탓인지 아무리 피곤해도 버스 안에서 잠이 들어본 적은 없었다. 지루함을 달래려고 책을 읽거나 음악을 들으면 속이 메스껍고 멀미가 나는 것 같아 그마저도 쉽지 않았다.

평일에 그렇게 학교생활을 하고 주말이 되면 무조건 클럽으로 향했다. 귀가 아플 정도로 커다란 음악소리와 젊은 청춘들의 열기는 내가 얼마나 멋진 모습으로 살고 있는지를 확인시켜주었다. 클럽이라는 공간은 나에게 사막의 오아시스 같은 존재였다. 신나는 음악에 몸을 맡기고 정신없이 춤을 추다보면 내 안에 새로운 에너지가 샘솟는 듯했다. 그 에너지로 다시 일주일을 버티며 지옥 같은 통학을 계속했다.

그러던 어느 날, 평소 주말과 다름없이 친구들을 만나 커피를 마시고 클럽으로 향하던 중이었다.

"쿵! 쿵! 빠…… 빠라 빠……."

요란한 음악소리가 어김없이 우리를 반겼다. 몸에서 저절로 흥이 났다.

"앗싸! 신나게 놀아볼까?"

"이런 곳은 천국에도 없을 거야. 진짜 세상은 아름답지 않나?"

나는 클럽과 하나가 되어 공간을 휘젓고 다니며 흥에 취해 있었다. 그렇게 얼마쯤 지나자 속에서 뭔가 부자연스러운 느낌이 들면서 미식거리기 시작했다. '뭐지? 커피를 마시고 나서 춤을 너무 격렬하게 춰서 그런가.' 괜찮을 거라는 마음으로 잠시 의자에 기대어 앉았다. 그런데 이게 웬일인가! 갑자기 생전 처음 겪어보는 갖가지 고통들이 나의 몸을 죄어오고 있었다. 구토감과 숨 막힘에 어지럼증까지……. 내가 의자에 앉아 꼼짝도 못하고 있자 친구들이 한마디씩 거들었다.

"이제 클럽에서 하산할 때가 된 거야?"

"밖에 나가 잠깐 바람 좀 쐬고 들어와!"

친구들의 목소리는 내 귀에서 웅웅거렸고 내 몸에 닿는 모든 것들이 뾰족한 바늘처럼 나를 찌르는 것 같았다. 견딜 수 없는 통증이 지속되었다. 결국 나는 두 손과 두 발을 땅에 짚고 기어서 클럽을 나왔다.

밖에 나와 찬 공기를 마시자 조금 가라앉는 듯해서 다시 클럽으로 들어갔다. 하지만 조금 전에 겪었던 고통보다 더 큰 고통이 기다리고 있었다. 도저히 더는 견딜 수가 없었다. 나는 집으로 가기 위해 택시를 잡아탔다. 그런데 택시를 타자마자 숨을 쉴 수가 없었고 몸은 절벽으로 끝없이 떨어져 내려가는 것만 같았다. 나는 택시 안에서 고함을 지르면서 입고 있던 옷을 찢으며 난동을 부렸다. 놀란 택시 기사는 재빨리 가까이 있는 병원 응급실로 나를 데리고 갔다. 명치부터 막히는 고통은 멈추지를 않았다. 죽음은 내 눈앞에서 나를 기다리고 있는 것만 같았다. 다행히 병원 응급실에서 각종 검사를 하는 동안 조금씩 회복이 되었고, 나는 거짓말처럼 아무 일도 없는 듯 병원 문을 나설 수 있었다. 그리고 그날의 일을 까맣게 잊고 다시 일상으로 돌아갔다.

내 안의 '또 다른 나'

나는 여전히 강원도로 통학을 했다. 버스를 타고 있는 동안 몇 번의 유사 증상으로 위기가 있었지만 별 이상 없이 잘 지내고 있었다. 그러던 어느 날, 버스에서 내려 지하철을 타고 집으로 돌아오는 길에 몸에 이상 신호가 감지되었다. 바로 몇 달 전 클럽에서 겪었던 증상이 그대로 재현되는 게 아닌가. 견딜 수 없는 고통에 지하철에서 쓰러져버렸고 나는 사람들에 의해 앰뷸런스에 실려 병원으로 향했다. 응급실에서는 여러 가지 검사를 했지만 의사 선생님은 '정상'이라고 진단했다. 나는 그 말에 화가 나지 않을 수 없었다.

"선생님! 제발 진정제라도 놔주세요."

하지만 전문의의 처방 없이는 진정제를 놔줄 수 없다고 했다.

"그럼 처방전을 써주세요. 빨리요!"

악다구니를 쓰며 의사 선생님께 떼를 썼다. 하지만 이상한 일이었다. 그렇게 고통스러운 순간이 지나고 나면 아무 일도 없었던 것처럼 정상으로 돌아오는 나를 도대체 이해하기 힘들었다. '왜 짧은 시간 동안 그렇게 큰 고통이 오는 걸까?'

그날 이후 외롭고 괴로운 밤을 보내기 시작했다. 다시 찾은 병원에서 나는 놀랍게도 공황장애라는 진단을 받았다. 나의 증세는 너무 심해서 상담 중에도 증상이 찾아오기도 했다. 처방해주는 약도 성실하게 복용했다. 또 체력을 키우기 위해 등산도 다니며 건강을 회복하려고 최선을 다했다. 다행히 증상은 나아지는 듯 보였다.

그러나 또 다른 문제가 생기기 시작했다. 나는 약 봉투가 없으면 불안해서 아무 곳에도 갈 수가 없었다. 그만큼 약에 의존하고 있었다. 마음이 불안하기만 하면 바로 약부터 찾았다. 하지만 약에 의존하면 할수록 내 몸은 점점 더 나빠지는 것만 같았다. '도대체 내 안에는 어떤 내가 있는 걸까?' '나 때문에 내가 왜 이렇게 힘들어야 하는 걸까?' 약을 더 많이 복용했지만 증상은 점점 더 심해졌고, 급기야 끊었던 술까지 다시 마시게 되었다.

사람이 답이다

묘하게도 가장 힘들었던 시기에 나는 사랑하는 사람을 만나게 되었다. 그 사람은 있는 그대로 나를 받아주고 위로해주었다. 자전거를 타고 한강을 달리기도 하고 가을 단풍 빛을 가득 머금은 고궁을 다니며 데이트를 했다. 하지만 아무리 남자친구가 나의 병을 이해해주어도 나는 그에게 나의 발작증상을 보이게 될까봐 두려웠다. 그래서 폐쇄된 공간보다는 주로 야외에서 그를 만나곤 했다. 확 트인 공간이 덜 불안했기 때문이다. 그렇게 정서적인 안정감이 찾아오면서 나의 발작 증세는 눈에 띄게 호전되어갔다. 자연히 약의 양도 줄었고 술도 끊게 되었다.

한동안 행복한 시기를 가졌지만 이별은 예고 없이 찾아왔다. 이별 후 나는 잠시 방황하고 힘든 시간을 가져야 했지만, 금세 마음을 추슬렀다. 이별의 슬픔으로 혹시나 다시 약에 의존하면 어쩌나 걱정했는데, 그동안 나도 꽤 강해져 있었다. 이제는 갈색봉투 없이도 외출을 할 수 있었다. 아마도 그동안 스스로를 강하게 훈련시켜왔던 것 같다.

공황장애를 겪으면서 내 삶에 대해 많이 생각하게 되었다. 세상에 많은 사람들이 있고 그 사람들의 수만큼이나 수많은 고통도 함께 있다는 것을 배웠다. 어떤 이는 스스로 고통을 잘 극복하지만, 또 어떤 이는 혼자 힘으로는 도저히 넘어서기 힘든 고통을 겪기도 한다. 물론 사랑하는 사람들이 있다면 더 좋겠지만. 중요한 것은 어떤 고통이든 끝까지 참고 견디면 반드시 새로운 삶을 만난다는 것이다. 나는 그것을 생생하게 경험했다. 이제 갈색봉투 없이도 당당하게 외출하는 나, 그런 내가 참으로 자랑스럽다.

 remind

약물치료를 두려워하지 않는다

무게를 재는 도구에 저울이 있습니다. 저울 중에서도 양팔저울은 양쪽의 무게가 같아야 수평을 이룹니다. 흔히 사법기관을 상징하는 것 중에 양팔저울을 들고 서 있는 여신이 있습니다. 신화에 나오는 '정의의 여신' 디케(Dike)입니다. 디케는 눈을 가리고 양쪽의 균형이 맞도록 양팔저울을 들고 있습니다. 세상의 정의를 위해서 법의 균형을 지켜야 한다는 의미입니다.

뇌의 균형을 유지하는 약물치료

우리의 '뇌'도 마찬가지입니다. 뇌의 균형이 깨진 상태가 바로 공황장애입니다. 많은 연구들이 뇌의 구조와 기능에 있어 생물학적인 이상이 공황장애 증상과 관련 있다는 증거들을 제시하고 있습니다.

 일반적으로 불안증상에 관여한다고 알려져 있는 세 가지 주요 신경전달물질은 노르에피네프린, 세로토닌, GABA입니다. 뇌내에서 이러한 신경전달물질의 불균형 및 기능장애가 공황장애 환자들에게서 많이 나타난다는 연구결과들이 있습니다. 공황장애 환자들이 먹게 되는 약물들은 이러한 신경전달물질의 작용에 관여하여 증상을 경감시키는 데 도움을 주게 됩니다.

건강하게 생활하려면 뇌의 균형을 유지해야 합니다. 뇌의 균형은 매우 섬세하기 때문에 개인의 의지만으로 바로잡기 힘든 경우가 많습니다. 이때 약물의 힘을 빌리게 되는데, 약물은 뇌의 기초체력을 올려주는 데 큰 도움이 됩니다.

처음 공황장애로 진단을 받으면 대체로 두 가지 반응을 보입니다. 약을 아예 멀리하거나 너무 의존하는 경우입니다. 대부분은 공황 증상을 경험한 후 다음 증상이 계속 지속되는 것이 아니라 특정한 간격을 두고 나타납니다. 때문에 공황을 일시적인 현상으로만 생각하고 치료에 소홀할 수 있습니다. 그 사이에 증세가 점점 더 악화되지만, 자신의 의지로 고칠 수 있다며 약을 멀리합니다. 하지만 그것이 치료시기를 늦추는 결과를 초래합니다.

반대로 사례자는 한때 지나치게 약물에 의존하는 경향을 보였습니다. '갈색봉투' 없이는 외출도 불가능할 정도였습니다. 그래서 자신이 걱정하는 발작 증세를 막기 위해서 약을 집착적으로 복용했고, 그것이 지나쳐서 약에 심리적으로 의존하는 심각한 상황까지 왔습니다. 약물 치료를 통해 쉽게 증상이 호전되면 대부분의 경험자들은 '약' 때문에 좋아졌다는 확신을 갖기 쉽습니다. '약을 먹지 않으면 금방 불안해질 거야.' 그 결과 약을 먹지 않으면 증상이 더 나빠질 거라고 섣불리 예단합니다.

하지만 이런 약물에 대한 오해가 심리적 의존성을 높이는 결과를 초래합니다. 당연히 치료는 멀어질 수밖에 없습니다. 공황장애의 치료 초기에는 신경안정제와 항우울제 계열의 공황장애 치료약을 병용하다가 초기 증상이 완화되고 유지치료 단계에 접어들면 항우울제 계열의 치료약으로만 유지하게 됩니다.

이러한 치료약들은 즉각적인 치료효과를 가지고 있지 않으며 실제 치료 효과는 복용 후 최소 3일에서 1주일 후에 나타나게 됩니다. 또한 약이 가지는 고유의 성질상 신체적 의존을 유발하지 않습니다. 이는 바꾸어 말하면 초기 증상이 호전되어 유지치료 단계에 접어든 환자들은 하루 혹은 이틀 정도 약을 복용하지 않더라도(약의 종류와 반감기에 따라 다를 수 있음) 별다른 증상의 악화가 나타나지 않는다는 것입니다. 그럼에도 불구하고 일부 환자들은 약이 자신이 찾을 수 있는 곳에서 보이지 않으면 바로 불안감을 호소하는데, 이는 전형적인 심리적 의존입니다.

치료에 방해가 되는 것들

사례자는 약물에 의존하면서 또 매일 술을 마셨습니다. 불안을 술로 잊으려 했던 것입니다. 공황장애 환자들은 언제 찾아올지 모르는 예기불안을 잊기 위해서 뭔가에 매달리곤 합니다. 남자들의 경우는 알코올에 의존하는 경향을 많이 보입니다. 하지만 알코올 의존은 그 자체가 질병입니다. 또한 공황장애를 악화시키는 위험인자이기도 합니다. 마치 불난 집에 기름을 붓는 식입니다.

공황발작을 유도하는 물질 중에는 알코올뿐만 아니라 니코틴

(담배), 커피, 마약 등이 있습니다. 이러한 물질들은 일시적으로 공황장애의 증상을 완화시켜주는 것 같지만, 실제로는 증상의 악화를 가져옵니다. 당연히 치료를 받는 동안에는 음주와 흡연은 삼가고, 커피나 탄산음료 등도 줄여야 합니다. 만약 매주 3회 이상 지속적으로 음주를 하는 패턴이 반복되면 매우 심각한 문제입니다. 이럴 때는 반드시 전문의의 도움을 받아야 합니다.

공황장애 치료는 짧지 않은 여행입니다. 환자는 처음 하는 여행이라 두렵고 떨리겠지만 반드시 나을 수 있다는 믿음을 가져야 합니다. 공황장애는 삶의 균형이 깨졌기 때문에 발생하는 뇌의 경고신호라고 생각하면 됩니다. 그래서 무엇이 내 삶의 균형을 깨지게 했는지를 파악하고, 다시 그 균형을 맞추어가는 노력이 필요합니다.

언제까지 약을 먹어야 할까?

많은 분들이 공황장애 치료 시 약물치료를 얼마나 유지해야 하는지에 대해 궁금해 합니다. 연구결과 대부분은 1년 전후로 약물치료를 받는 것이 필요하다고 강조합니다. 물론 환자의 상태나 여건에 따라 다를 수 있습니다. 중요한 것은 약을 무작정 복용하거나 또 무작정 중단하지 말고 반드시 전문의와 상의하는 것입니다.

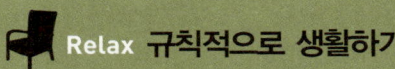 Relax 규칙적으로 생활하기

불규칙한 생활은 공황장애를 악화시키는 요인이 될 수 있다. 불규칙한 생활을 계속하다보면 자율신경의 균형이 무너져서 스트레스의 저항력이 약해지기 때문이다. 따라서 규칙적인 생활을 위해서 먼저 정해진 시간에 잘 자고, 충분한 영양분을 섭취하고, 물을 자주 마시는 것이 좋다.

anxiety free

행복했던 그 아이는 어디로 갔을까?

임혜숙

나는 15년 동안 한 여인을 그리워하고 있다. 긴 세월을 기다려도 그녀는 나를 외면할 뿐이다. 때로는 그리움에 지쳐 포기한 적도 많지만 그녀를 그리워하지 않을 때 나는 더 절망에 빠진다. 아름다운 그녀를 찾기 위해 난 아픔을 견디며 살아간다. 자주 만날 수 있을까. 혹여 못 만나게 되는 건 아닐까. 오늘도 나는 또 그녀를 기다린다.

하루하루 죽음을 생각하던 날들

나는 아버지의 소개로 대학 선배와 결혼했다. 아버지가 소개시

켜줄 정도라면 믿을 만한 남자이라고 생각했다.

"신랑이 서글서글하니 인상이 좋네."

"둘이 인상이 비슷한 게 아주 천생 연분이네."

그렇게 결혼을 하고 한동안 행복한 시간도 보냈다. 그러나 얼마 지나지 않아 남편의 이상 행동이 시작됐다. 평소에는 더없이 좋은 남편으로 집안일도 잘 도와주고 다정다감하던 사람이 술을 마시는 날에는 자주 집에 들어오지 않았다. 처음에는 '다음엔 그러지 않겠지' 하는 마음으로 몇 번을 이해하면서 넘어갔다. 하지만 시간이 흐를수록 남편은 집에서 생활하는 시간보다 밖에서 생활하는 시간이 더 많아졌다. 하지만 아버지의 소개로 만났기 때문에 친정에 함부로 하소연을 할 수도 없었다. 혹여 아버지를 원망하는 것으로 비쳐질 수도 있었고, 아버지가 신뢰하는 사위였던 만큼 내 잘못으로 돌릴까봐 두려웠던 것이다.

'그래, 참자. 세상에 참으려고 마음먹으면 못 참을 일도 없지.' 마음만큼은 견뎌내려고 애썼지만 몸은 이미 조금씩 병들어가고 있었다. 무기력한 생활과 정신적 혹사는 내게 결핵이라는 병을 덜컥 안겨주었다. 어쩔 수 없이 나는 아침마다 공복에 수십 알씩 약을 먹어야만 했다. 시간이 지나면서 점점 정신은 몽롱해지는 것 같았다. 힘든 하루가 반복되었다. '죽으면 이 고통도 없겠지.' 언제부터인가 나는 아침에 눈을 뜨면서부터 잠이 들 때까지 '죽음'만을 생각하기도 했다.

결국 결핵약으로 인해 '간(肝) 중독'까지 찾아왔다. 그런데 이상하게도 점점 내 몸이 망가져가는 것에 이상한 희열을 느꼈다. 죽음에 가까워질수록 이 지긋지긋한 현실에서 도망칠 수 있었기 때문이다.

그러던 어느 날, 식당에서 밥을 먹고 있을 때였다. 내 몸 어딘가에서 알 수 없는 신경이 목줄을 타고 머리끝까지 쭉 뻗어가는 기분이 들었다. '드디어 죽을 수 있구나!' 그렇게 생각하며 기꺼이 죽음을 맞이하리라 마음먹은 순간, 이제 막 네 살이 된 아이가 생각났다. '여기서 잃어버리면 우리 아이는 고아가 될 거야. 안 돼!' 그토록 기다렸던 죽음을 뒤로 하고 나는 아이 손을 잡고 정신없이 뛰기 시작했다. 병원 응급실이었다. 응급실에 도착하자마자 나는 경련과 발작을 일으키며 그대로 쓰러졌다. 잠시 후 깨어난 나는 머릿속이 백지처럼 느껴졌다. 아무것도 알고 싶지도 않고 아무것도 생각하고 싶지도 않았다.

"환자분, 여기 어떻게 오게 됐는지 기억하세요?"

"예? 모르겠어요."

"증상이 언제부터 시작되었나요?"

"예? 모르겠어요."

"평소 복용하던 약이 있습니까?"

"예? 모르겠어요."

모든 질문에 오로지 '예? 모르겠어요.'만 반복했다. 의사 선생님도 더 이상 질문을 하지 않았다. 죽고 싶은 생각밖에 없었는데 내 발로 병원응급실을 찾아오다니, 그럼 나는 죽고 싶었던

게 아니었다.

"엄마!"

네 살 된 아이가 나를 불렀다. 쏟아지는 눈물을 닦고 아이를 침대 옆에 눕히고 꼭 끌어안았다. '이렇게 따뜻할 수가……. 나의 또 다른 생명, 내 딸.' 그렇게 한참을 병원 침대에 누워 있었다. 모든 것이 평화로웠다. 아무 일 없었던 듯 하루가 지나갔다. 공황장애는 그렇게 나에게 찾아왔다.

피할 수 없는 나의 운명

공포와의 본격적인 싸움이 시작되었다. 집 밖을 나가는 것도 불안했고 집 안에 있어도 불안했다. 한 곳에 앉아 있지 못하고 이리저리 안절부절 못했다. 죽음은 오래된 친구처럼 내 옆에 붙어 있었다. '죽음을 원하는데 무엇이 두려워 불안에 떨고 있는 거지?'

나는 불안과 사투를 벌이면서도 남편에게 도움을 청하지 못했다. 오히려 점점 더 멀어지기만 할 뿐이었다. 남편은 내가 정신을 똑바로 차리지 못해서 그렇다며 모든 것을 내 탓으로 돌렸다. 주위에 누구에게도 내가 겪고 있는 고통을 말할 수 없었다. 나는 철저히 혼자서 나 자신과 싸우고 있었다. 아이를 보면서 이겨내야 한다고 다짐을 해보았지만, 이 고통을 '죽음'으로 끝내야 한다는 생각밖에 들지 않았다. 그렇게 나 자신과의 싸움에서 서서히 지쳐가고 있었다. 하지만 사랑하는 아이를 보면 마음이 흔들렸다. 아픈 엄마의 모습에 겁이 났는지 아이는 내 주위에 오지 않으려고 했다.

"엄마, 무서워!"

이후 응급실에 몇 번을 갔다 오고 나서야 정신건강의학과 상담도 받게 됐다. 나는 내 안에 산재해 있던 문제들을 의사 선생님께 털어놓고 적극적으로 병원치료를 시작했다. 처음에는 자존심 때문에 말하지 못했던 불안 증세들을 하나씩 풀어놓고 나니 마음이 조금씩 가벼워졌다. 꽁꽁 얼었던 마음이 풀리기 시작하자 새로운 의욕이 일어나는 것도 같았다.

"그래, 난 아직 젊어. 무엇이든 시작하자. 사랑하는 내 아이를 위해!"

건강하고 행복했던 과거의 나

모든 심리 치료가 그러하듯이 긍정적인 자기 암시를 하는 것만큼 좋은 치료법은 없다. 휴대폰 액정 화면에 밝고 건강했던 내 사진을 저장해두고 하루에도 몇 번씩 일부러 내 과거와 만났다.

"넌 참 건강하고 밝아서 좋아. 그치?"

"한때는 빛나는 꿈이 있었는데. 그 꿈이 뭐였더라. 그래 선생님. 내 꿈은 선생님이 되는 것이었지."

"나 오늘은 아무것도 하지 않고 좀 쉬고 싶다. 그래도 괜찮겠지?"

외출할 때도 친구와 동행하듯이 나는 나의 과거와 동행을 했다. 속상한 일들도 과거의 내 모습에게 넋두리를 하며 그렇게 친해져갔다. 혼자가 아니라는 생각에 외로움도 잊을 수 있었다. 나는 점차 안정을 찾아갔다. 그러면서 스스로의 치유 방법도 찾을 수 있었다. 공황장애 증상을 겪는 사람들이라면 누구나 아는 '예기불안'을 나만의 용어 '예기안심'으로 바꿔 부르며 가끔씩 찾아오는 불안에 나만의 방식으로 대처했다.

15년 전의 밝고 건강했던 나, '그때의 나'를 나는 오늘도 기다린다. 그녀를 만나면 불안 같은 것일랑 모두 잊고서 평온하게 순간을 느낄 수 있다. 그렇게 나는 과거의 나를 그리면서 오늘의 나를 다독이고 있다.

 remind

나만의 안전 시스템을 만든다

엄마들이 아이를 키울 때 아이가 다치기 쉬운 곳에는 안전장치를 해놓습니다. 예를 들어 책상 모서리에는 둥근 실리콘을 부착해 놓는다거나 위험한 물건은 되도록 아이 키보다 높은 곳에 올려놓습니다. 우리의 마음도 마찬가지입니다. 마음에도 나만의 안전 시스템을 만들어두면 위험에 노출되더라도 잘 극복할 수 있습니다.

나에게 치유가 되는 것들

우리가 언제 어디서든 가장 먼저 지켜야 할 것은 바로 자기 자신입니다. 어떤 상황에서도 자신을 다스리고 바로잡을 수 있다면 비교적 건강한 삶을 유지할 수 있습니다. 이런 점에서 사례자는 공포와 두려움을 혼자 견디면서 훌륭하게 자신을 지켜냈습니다. 특히 공황장애에 경제적 문제나 정서적인 문제가 동반되는 경우 심리적 고통은 더욱 커집니다. 그럼에도 불구하고 사례자는 좌절하지 않고 과거의 행복했던 기억을 계속 불러냈습니다. 과거의 힘으로 현재의 불안을 이겨낸 것입니다. 또 '예기불안'이 느껴질 때마다 '예기안심'으로 바꾸어서 자신에게 힘과 용기를 주고자 노력했습니다. 일종의 자기만의 안전 시스템을 만든 것입니다.

사례자는 주부로서 스트레스를 비교적 많이 받았습니다. 물론 일상에서 스트레스 없이 살 수는 없습니다. 스트레스가 과도하다고 느껴질 때는 '스트레스 목록'을 만들어보는 것도 좋습니다. 나의 스트레스 원인이 어디에서 오는 것인지 원인을 알면 스트레스를 합리적으로 줄일 수 있기 때문입니다.

스트레스 목록은 첫째 내가 만드는 스트레스, 둘째 가족이 주는 스트레스, 셋째 직장에서 주는 스트레스, 넷째 경제적으로 받는 스트레스 등 본인의 상황에 맞게 부분별로 정리해보는 것입니다. 목록을 정리한 후에 분석해보면 자신이 무엇 때문에 스트레스를 받는지를 알고 그 상황에 대처하는 방법도 비교적 쉬워집니다. '내가 별일 아닌 것에 스트레스를 받았구나!' '이건 내가 아니라도 어쩔 수 없는 일이야.' 꼭 환자가 아니라 누구라도 '스트레스 목록'을 만들어두면 더 건강한 삶을 유지할 수 있습니다.

복잡한 감정을 하나씩 정리한다

가정주부이자 한 아이의 엄마인 사례자는 성실하지 못한 남편에게서 받은 스트레스로 인해 건강이 약해졌고 나중에는 우울증까지 겪게 되었습니다. 우울증은 단순히 우울한 기분만을 말하지 않습니다. 즐거움의 감소, 식욕 감소나 증가, 불면 또는 과수면, 반복적인 죽음이나 자살에 대한 생각 등 다른 증상들이 우울한 기분과 함께 있을 때 우울증이라고 말합니다. 설상가상으로 결핵과 간 중독으로 인한 건강의 상실까지 겹치면서 결국 공황장애가 찾아왔습니다.

공황장애 환자들 중에서 우울증을 함께 앓고 있는 사람들은 대략 30퍼센트 정도로 알려져 있습니다. 사례자처럼 주요 우울증과 공황장애를 동시에 앓고 있는 경우도 있지만, 오랫동안 공황장애를 앓아오며 사회생활에 어려움을 겪게 되자 생활 반경이 좁아지면서 2차적으로 우울증을 앓기도 합니다.

뿐만 아니라 우울증을 앓고 있는 사람들은 어느 정도의 불안증상을 함께 갖고 있는 경우가 많아 치료가 늦어질 경우 이러한 증상이 더욱 악화될 수 있습니다. 또한 공황장애와 우울증상이 병존할 경우 자살의 위험성은 훨씬 더 높아집니다. 따라서 이럴 경우 신속히 치료를 시작하는 것이 중요합니다.

세상에서 완벽하게 소유할 수 있는 한 가지는 바로 내 마음입니다. 내 마음을 바로잡는 것은 그만큼 우리를 자유롭게 해줍니다. 부족한 나의 마음을 알아채고, 그럴 때 내게 치유가 되는 것들을 순발력 있게 작동시키는 지혜가 필요합니다. 내 마음속의 불안에 대비하여 안전 시스템을 만드는 것, 이것은 누구나 가능한 일입니다.

Relax 불안도 삶의 일부임을 기억하기

불안은 기쁨, 분노, 슬픔처럼 인간의 정상적인 감정이다. 물론 불안은 매우 불편하게 느껴지지만, 위험한 상황에서는 어김없이 우리를 보호해준다. 따라서 불안은 없어야 할 감정이 아니라 잘 관리하여 나의 삶에 활용하는 것이 중요하다.

anxiety free

길고도 긴 나와의 싸움

김진오

호주의 3월은 봄이라기보다 우리나라의 가을에 가까웠다. 높고 아름다운 하늘 아래서 나는 가던 길을 멈추고 자주 가슴을 부여잡고 막힌 숨통이 터지기를 고통스럽게 기다려야 했다. 어떤 이들은 그 시간이 안부인사 만큼 짧았다고 하지만 내게는 영원처럼 길게 느껴졌다. 악몽 같았던 그해 3월. 아직도 끝나지 않은 길고도 질긴 나와의 싸움은 그렇게 시작되었다.

잊고 싶은 기억들

5시 기상, 6~15시 주방보조, 17~21시 요리학교, 23시 취침.

호주에서 1년 정도 어학코스를 받은 후 공부를 계속 하기 위해 나는 호주에 더 머물러 있기로 했다. 그렇게 2년간의 호주 생활은 하루하루가 치열한 전쟁터 같았다. 학비를 벌고 집세와 생활비를 해결해야 했던 고단한 일상은 잠시의 휴식도 허락하지 않았다. 새벽 5시 기상에 밤 11시가 넘어 잠 드는 순간까지 나의 노동은 계속됐다. 정해진 시간표대로 움직이다보니 몸은 어느새 자동으로 움직이는 기계처럼 변해갔다. 시간이 되면 저절로 기상하고 시간이 되면 또 알아서 배가 고파왔다. 마치 찰리 채플린의 영화 〈모던 타임즈〉에 등장하는 기계공처럼.

몸은 치열한 시간을 보내면서 열심히 살고 있었지만 정작 마음은 고단함과 무미건조한 일상에 조금씩 지쳐가고 있었다. '매일 이렇게 열심히 일하고 공부하는데 현실은 조금도 달라지지 않아.' '아! 하루하루가 지옥 같아.' 그즈음 나는 고단한 삶에 보상이라도 받으려는 듯 자주 술을 마셨다. 술을 마시는 동안은 현실과 다른 안락한 세상에 와 있는 것 같았다. 월요일에서 금요일까지 정신없이 시간을 보내고 주말은 술과 함께 보내는 날들이 반복되었다.

그러던 어느 주말이었다. 그날도 어김없이 술로 아침을 맞고 있는데 느낌이 이상했다. 손과 발이 저리기 시작하더니 갑자기 숨이 쉬어지지 않았다. 처음으로 겪는 증상이었다. 숨은 쉴 수가 없는데 오히려 의식은 더 또렷해졌다. '내가 어떻게 여기까지 왔는데 이대로 죽을 수는 없어.' 절박한 생각에 무작정 집을 나와 근처에 한국인 형이 사는 집으로 찾아갔다.

"형! 문 좀 열어줘요. 제발!"

깜짝 놀란 형이 문을 열어주었다.

"너 왜 그래? 무슨 일이야. 정신 차려!"

"나, 죽을 것 같아."

그 말을 하고 나는 그대로 쓰러졌다. 온몸이 저리다 못해 딱딱하게 굳었고 눈은 흰자위가 반쯤 드러난 상태였다. 형은 내가 정신을 잃지 않도록 열심히 마사지를 해주었다. 그 일이 있은 후에도 심장이 미친 듯이 뛰다가 정지하는 호흡곤란 증세가 반복적으로 나타났다. 하지만 학생비자 연장 때문에 신체검사를 받아도 아무 이상이 없다는 결과만 나와서 나는 단순히 피로 때문이라고 생각했다. 그렇게 호주에서 한 계절이 또 지나가고 있었다.

이렇게 살아서는 안 된다

증상은 더 자주 더 깊게 나의 세계로 파고들었다. 방어막은 이미 무너졌고 전투 의욕도 상실한 채 공황상태에 나를 맡겨버렸다. 더 이상 호주에 있다가는 아무도 모르게 죽고 말 것이라는 공포가 밀려왔다. 멀리 떨어진 타국에서 외롭게 죽고 싶지는 않았다. 죽더라도 한국에서 죽어야겠다고 결심하고 나는 다시 한국으로 돌아왔다. 서울로 돌아와 일주일을 꼬박 시체처럼 누워만 있었다. 가족들의 걱정은 이미 걱정 단계를 넘어서 불안한 상태가 되었다.

"호주에서 도대체 무슨 일이 있었던 거냐?"

가족들의 어떤 질문에도 대답하기 싫었다. 호주에서 공부 잘 하고 있는 줄 알았던 아들이 어느 날 집에 들어와 문 밖을 나가지도 않고 말도 하지 않는 채 지내자 어머니의 걱정은 점점 더 깊어갔다.

"제발, 무슨 말이라도 좀 해봐라."

"송장도 아니고 도대체 이렇게 꼼짝도 안하고 어떻게 살려고 그래."

반 협박과 반 걱정이 섞인 어머니의 목소리도 기계음처럼 들릴 뿐이었다. 마치 음악에서 강한 비트가 일정하게 반복되는 소리처럼. 그렇게 3개월이 지나자 호주에서 처방 받아온 약도 떨어졌다. 약을 먹지 않으면 더 심한 공포감 때문에 그나마 누워 있는 것조차 쉽지 않았다. 나는 오랜만에 외출 준비를 했다. 가족들은 나의 작은 움직임에도 예민하게 반응했고, 그것은 혹시 정신을 차렸을지 모른다는 공연한 기대감을 갖게 했다. 첫 외출, 보이는 모든 것이 비현실적으로 다가왔다. 밀도가 높은 공기 속을 뚫고 걸어가는데 기체도 아니고 고체도 아닌 듯 끈적끈적한 공기가 훅, 하고 들어오는 답답함이 느껴졌다. 2주나 3주에 한 번씩 치료를 위해 병원을 가야 할 때는 그런 유쾌하지 않은 기분을 감수해야 했다.

일 년 반 정도 약을 복용하자 증세도 나아지고 외출도 별 이상 없이 할 수 있게 됐다. 정신을 조금 차리고 보니 지난 시간들을 너무 낭비한 느낌이 들었다. '이렇게 살아선 안 돼. 내가 그동안 얼마나 열심히 살았는데 이런 무책임한 삶은 더 이상 안 돼.' 그때부터 스스로 병을 극복하기 위해 공황장애와 불안에 관한 책들을 열심히 찾아 읽으며 스스로를 일으켜 세우려고 노력했다. 또 요가, 수영, 헬스로 운동의 강도도 높여갔다. 나는 보통 사람이 되기 위해 피나는 노력을 해야만 했다. 몇 개월의 피나는 노력의 결과 의사 선생님은 더 이상 병원에 오지 않아도 되고 약을 먹지 않아도 된다고 했다.

"그동안 고생 많았어요. 본인이 노력한 만큼 증세가 많이 호전이 되었네요. 이제 특별한 처방은 필요 없을 것 같아요."

그 말을 듣는 순간 '이제 살았다'는 기쁨의 눈물이 저절로 흘러내렸다. 이후에도 운동과 노출 훈련을 반복했고 컴퓨터그래픽 공부도 시작했다. 공부라면 지긋지긋할 것 같았는데 하고 싶은 것을 하겠다는 의지가 있으니 생각보다 쉽게 다가왔다. 컴퓨터그래픽 과정을 무사히 마치고 이제 쇼핑몰 창업이라는 새로운 미래도 꿈꾸게 되었다.

다 나은 줄 알았는데 재발이라니

미래의 꿈에 도전하며 소중한 하루하루를 보내고 있던 어느 날, 절친한 친구의 전화 한통을 받게 되었다.

"나, 간암 말기야."

"에이, 장난하지 마."

"장난 아니야. 진짜야."

"한창 나이에 무슨 간암이야."

친구의 암 선고 소식에 충격을 받은 나는 그 순간 다시 공황 속으로 빠져들었다. 내 몸속 깊은 곳에서 무언가가 괴성을 지르며 울부짖고 있었다. 온몸에 피가 순식간에 다 빠져나간 듯 텅텅 비어가는 느낌이었다. 공황장애가 완치되었다고 믿었는데 갑작스런 친구의 간암 소식은 나를 다시 원점으로 돌려놓고 말았다. '난 완치된 것이 아니었어.'

친구는 그렇게 세상을 떠나갔고 결국 나의 공황장애는 재발되었다. 친구를 떠나보낸 후 내 몸에는 확실한 변화들이 일어났다. 손끝이 저리고 등이 굳은 것처럼 답답하고 심장이 오그라드는 느낌이 계속됐다. 무엇보다도 고통스러운 것은 잠을 잘 수 없는 날들이었다. 수면제를 먹어도 잠이 오지 않아 며칠씩 뜬 눈으로 지내야 했다. 매일매일 견딜 수 없는 고통으로 며칠을 보내고 나니 천장에 대롱대롱 매달려 있는 올가미가 보였다. '하하, 이젠 네가 나를 죽이려 드는구나!' 헛웃음이 나왔다. 세상의 끝에서 홀로 외롭게 전투를 하고 있다는 생각이 들었다. 나의 세상은 점점 소멸돼 가고 있었다. '그래, 마지막이야 병원에 다시 가보자.'

다시는 보지 않아도 될 것 같았던 의사 선생님을 보자 박약한 내 의지가 들킨 것처럼 얼굴이 화끈거렸다. 컴퓨터 뒤에라도 숨고 싶은 심정이었다. 그런데 의사 선생님은 뜻밖의 말로 나를 반겼다.

"그동안 잘 참으셨네요. 잘 오셨습니다."

"네?"

"보통 재발을 하면 실망을 해서 병원에 잘 안 오시는데, 이렇게 병원을 다시 오셨네요."

의사 선생님은 나에게 필요 이상으로 칭찬을 해주었다. 하지만 그 어떤 위로도 결론은 마찬가지였다. 나는 다시 약을 먹고 공황장애 환자의 생활로 돌아왔다.

위기를 함께 해준 고마운 사람들

3년이란 긴 시간 지금껏 버텨왔다. 지금은 한 달에 한 번 의사 선생님을 만나 소소한 일상을 이야기하고 작은 고민을 나눌 정도가 됐다. 처음 공황발작이 왔을 때와 지금의 나를 비교하면 큰 변화가 있었다. 사람들이 많은 광장에서 덩실덩실 춤이라도 출 정도로 감사한 일이다. 언젠가 명동성당을 지나다 무작정 성당 안으로 들어가 대성통곡을 하며 살려달라고 떼를 쓰던 기억이 난다. '살고 싶어요. 제발 살려 주세요.' '제가 뭘 잘못했나요? 가르쳐주시면 용서를 빌고 고칠게요.'

지금 생각하면 너무나 부끄럽다. 이제 나는 조금씩 단단해져 가고 있다. 내가 단단해지지 않으면 주위에 부서질 것들이 너무 많다. 사랑하는 가족과 나의 치료를 위해 애쓰시는 의사 선생님, 그리고 언제나 나와 함께하는 친구들. 나는 예전처럼 살려 달라고 기도하지 않는다. 대신에 느리게 걷고 천천히 말하고 차분히 생각하게 해달라고 기도한다. 그리고 무엇에도 흔들리지 않는 평정심을 갖게 해달라고. 그것이 내 안의 공황과 작별하는 방법이다.

 remind

편안한 느낌으로 호흡에 집중한다

흔히 극도로 힘든 상황에서 "숨이 넘어가서 죽을 것 같다"는 표현을 사용합니다. 실제로 호흡이 멈추면 사람은 더 이상 생명을 유지할 수 없습니다. 이처럼 호흡과 생명은 밀접한 관련이 있으며, 그래서 올바른 방법으로 호흡하는 것은 매우 중요합니다. 공황장애의 경우 기본적으로 복부 깊숙이 숨을 들이마시는 복식호흡을 강조합니다.

현명한 약물 투약법

사례자는 치열한 삶의 항해를 하던 중 공황장애라는 태풍을 만났습니다. 용기와 의지로 굳건하게 태풍을 이겨내고 다시 삶의 항해를 떠난 그에게 박수를 보냅니다.

 사례자는 너무 고단한 일상의 고통을 잊기 위해 술을 많이 마셨습니다. 물론 음주는 잠시나마 불안한 마음을 잊게 해주지만 그 대가는 치명적입니다. 공황장애를 겪고 있는 경우 음주로 인해 자율신경계는 과민해지고 약물 치료에 대한 치료반응도 그만큼 감소합니다. 따라서 불안한 마음에 쉽게 알코올에 의지하는 것은 삼가고 전문적인 치료를 받는 것이 보다 현명한 선택입니다. 공황장애는 비교적 원인과 치료가 잘 알려져 있는 질환입니다. 치료 시에는 전문의를 신뢰하고 약물에 대한 확신을 갖고 치료에 임한다면 대부분은 완치될 수 있습니다.

공황장애의 경우 치료 약물로는 주로 항우울제와 항불안제를 사용합니다. 항우울제는 증상을 효과적으로 감소시킬 수 있으나 그 효과는 2~3주가 지나서야 나타납니다. 조급한 환자에게는 치료효과가 느려서 불안할 수 있으나 확신을 갖고 기다리는 자세가 필요합니다.

또, 많은 환자분들이 항우울제에 대한 부작용을 염려합니다. 심지어 오래 복용하면 의존성이 높아져 몸을 상하게 할 거라고 예단합니다. 그러나 항우울제의 경우 안전성에 대한 엄격한 검증을 마친 뒤 판매가 허가됨으로 안심하고 복용해도 문제가 없습니다. 다만 사람에 따라서 입마름, 성기능 부작용, 불면증, 무력감, 과민성, 체중 증가와 같은 경미한 부작용은 있으나, 금세 사라지는 증상으로 크게 걱정하지 않아도 됩니다. 항불안제(抗不安劑)는 말 그대로 '불안을 이겨낼 수 있는 약'입니다. 흔히 '진정제'라고 불립니다.

치료 초기에는 이들 약물에 대한 중독이나 의존성을 걱정해서 환자 임의대로 약물을 중단하는 경우가 많습니다. 하지만 전문의로부터 조절을 받는다면 크게 걱정할 필요는 없습니다. 오히려 조기에 약물을 중단하면 증상이 더 악화될 수도 있으니 조심해야 합니다. 다행히 사례자는 약물 치료에 충실하게 임하고 운동도 열심히 하면서 병을 잘 이겨냈습니다.

복식호흡의 힘

공황발작에 의한 신체증상 중에 가장 고통스럽게 느끼는 것이 '숨 막힘' 증상입니다. 이럴 때 복식호흡은 갑작스런 숨 막힘 증상을 즉각적으로 완화시켜줍니다. 즉 복식호흡을 통한 근육이완은 의식적으로 부교감신경계를 항진시켜 공황발작과 불안으로 인한 과호흡, 떨림, 빈맥 등을 현저하게 감소시킬 수 있습니다. 따라서 갑작스럽게 공황발작과 맞닥뜨리면 재빨리 복식호흡을 시도함으로써 위기의 상황을 무사히 넘어갈 수 있습니다.

다음은 위급한 상황에서 바로 실행할 수 있는 호흡법들입니다.

- **배를 부풀려 호흡하기**

숨을 들이쉴 때 가능한 한 공기를 많이 넣어 배를 풍선처럼 부풀게 한 다음, 그 공기를 충분히 빼준다고 생각하고 숨을 내쉽니다. 숨을 들이쉬고 내쉴 때 평소 시간보다 두 배 이상 길게 천천히 실시합니다.

- **배를 따뜻하게 하기**

숨을 쉴 때 따뜻한 차를 마신다는 생각으로 배가 따뜻해지도록 손으로 마사지를 해줍니다. 온기가 위에서 시작하여 아랫배로 퍼져가도록 합니다. 조금 진정이 되면 배 위에 보온 주머니를 올려놓는 것도 근육을 이완시키는 데 도움이 됩니다.

- **소리 내어 숨쉬기**

어르신들이 시조를 읊으면서 길게 호흡하는 경우가 있습니다. 이것은 공황발작에 도움이 되는 호흡법입니다. 천천히 오랫동안 일정한 소리를 내면서 숨을 길게 쉽니다. 이런 호흡은 깊은 소리의 진동이 아랫배로 퍼지면서 마음을 진정시키는 효과를 줍니다. 이럴 때 배를 울릴 수 있는 소리, 예를 들어 '아' '우' 같은 한글의 모음을 이용한 음이 좋습니다.

- **입술을 오므리고 숨쉬기**

입술을 살짝 오므린 상태에서 코로 깊은 숨을 들이마십니다. 숨을 내쉴 때는 조금 떨어진 곳에 있는 촛불을 끄는 것이 아니라 바람으로 움직인다고 생각하고 길고 가늘게 내쉽니다. 배 안에 남아 있는 공기를 천천히 모두 빼낸다고 생각하면 됩니다.

- **몸을 가라앉히듯이 숨쉬기**

호흡 곤란이 올 때 고통을 견디기 위해 몸을 웅크리는 것보다 적당한 곳에 누워 마치 푹신한 곳에 있는 것 같은 느낌을 갖도록 합니다. 흔히 피곤해 몸이 처지면 '몸이 물에 젖은 솜 같다'고 합니다. 바로 그런 느낌으로 누워 있는 곳에서 점점 더 아래로 내려 보낸다고 상상하면서 근육을 이완시킵니다.

- **파도처럼 호흡하기**

호수나 바다에서 작은 배를 타고 누워 있다고 상상합니다. 숨을 내쉬고 들이마실 때 파도의 리듬에 맞춥니다. 파란 하늘 아래 따뜻한 햇볕 아래 일렁이는 배 안에서 파도에 맞추어 호흡을 하고 있다고 생각하면 자연히 몸도 마음도 평화로워집니다.

 Relax 편안한 느낌에 집중하기

심리적 불안이 심해지면 신체적 긴장도 동반된다. 이럴 때 근육이완법을 활용한다. 먼저 편안한 의자에 앉아서 10초간 팔과 다리를 긴장시킨다. 퍼지는 것을 느끼고 서서히 긴장을 풀어준다. 긴장이 풀리면서 편안한 느낌에 집중한다. 이렇게 신체적 긴장을 감소시키면 심리적 불안도 조금씩 줄어든다.

anxiety free
13

주말에도 불안감이 가시지 않았다

이형진

나는 3년차 직장인이다. 남들이 부러워하는 대기업 계열사에 취직을 한 지 3년이 되었다. 이상하게 직장생활을 하는 동안 경력이 쌓여 업무에 익숙해질 만도 한데 스트레스는 줄어들지 않았다. 최근 들어 야근이 잦아지면서 스트레스 증세 역시 점점 더 심해져갔다. 이유 없이 손발이 저리기도 하고 체한 것처럼 명치끝이 아프면서 질식할 것만 같았다.

나를 숨 막히게 하는 스트레스

며칠 동안 계속된 야근으로 몸은 녹초가 되어 있었다. 모처럼 일찍 퇴근해 그동안의 피로도 풀기 위해 잠이나 잘까 생각 중이었는데 갑자기 전화벨이 울렸다.

"야! 약속시간이 한참이나 지났는데 연락도 없고 왜 안 나와?"

"응? 무슨 약속!"

"문자 안 봤어? 오늘 다 만나기로 했는데."

"몰라. 오늘 못 나가."

서둘러 통화 종료 버튼을 눌렀다. 더 이상 통화를 할 기운이 남아 있지 않았다. 오늘 만나기로 한 친구들은 고등학교 때부터 친하게 지내온 친구들이었다. 같은 동네에서 오랫동안 허물없이 지내온 가족 같은 사이였다. 하지만 몸은 내 의지와 상관없이 깊은 늪으로 점점 더 빠져들어가서 나 스스로도 통제할 수 없을 지경이었다.

피곤한 몸도 문제였지만 나에게는 친구들을 만나러갈 수 없는 또 다른 이유가 있었다. '특별히 다른 게 없는데 왜 이러지?' 처음에는 소화제도 먹어보고 휴식도 취해보았지만 증세는 더 자주 불규칙하게 나타났다. 나는 친구들에게 이런 내 모습을 보이기 싫었다. 이런 스트레스 증세는 직장 상사로부터 실수를 지적받을 때, 가장 강렬하게 나타났다.

"아니, 이렇게 기본적인 것을 틀리면 어떻게 결재를 하나!"

"아직도 정리가 안 됐어? 왜 그렇게 일하는 속도가 느려?"

익숙해질 만도 한데 그런 소리를 들을 때마다 견딜 수 없이 고통스러웠다. 그런 식의 실수를 지적받고 나면 그날은 꼭 악몽에 시달려야 했다.

그러던 어느 날, 회사의 임원진들 앞에서 프레젠테이션을 해야 할 일이 생겼다. 처음 하는 일도 아니고 내용도 이미 완벽하게 숙지한 상태라 별 문제가 없다고 생각했다. 그런데 발표시간을 몇 십 분 앞두고 갑자기 불안감에 숨이 차고 식은땀이 흘렀다.

'어떡하지? 발표를 못하겠다고 할까?' '아니야 이번 기회를 놓치면 인사이동 때 불이익을 당할 거야.' 그러는 사이 시간은 다가오고 어쩔 수없이 불안감을 가득 안고 발표를 시작했다. 어지럽고 답답했지만 애써 심호흡을 해가며 죽을힘을 다해 프레젠테이션을 마쳤다. 어떤 내용을 했는지 어떻게 전달되었는지 기억도 나지 않았다. 결과는 참담했다. 나는 또 상사로부터 잔인하게 지적을 받아야 했다.

"도대체 그렇게 발표하는 건 어디서 배운 거야."

"발표하는 사람이 그렇게 집중을 못하면 어떡해. 신입사원도 아니고."

그날 저녁 나는 또 질식할 것 같은 두려움에 맞서야 했다. 살아남아도 기쁘지 않았다. 그 이후 주말에 집에서 쉬고 있어도 쉬는 게 아니었다. 늘 직장생활에 대한 두려움으로 나에게는 휴식 같은 건 애초부터 없었다.

뼛속까지 스며드는 불안의 그림자

하루는 직장에 가는 것이 두려워서 몸이 아프다는 핑계를 대고 종합검진을 받았다. 그런데 결과는 아무 이상이 없다고 나왔다. 신체에 큰 병이 없다는 것만으로도 안심이 되었다. 그렇다면 왜 나의 몸에서는 반복적인 증상이 일어나는지 알 길이 없었다.

"아무 이상이 없는데 저는 왜 아픈 걸까요?"

의사 선생님은 조심스럽게 나에게 말했다.

"정신건강의학과 진료를 받아보는 게 도움이 될 것 같습니다."

"정신건강의학과요?"

내가 아픈 원인을 알 수만 있다면 어디라도 괜찮을 것 같았다. 나는 의사 선생님의 권유로 정신건강의학과 검사를 받아보았는데, 그 결과 공황장애라는 진단을 받게 되었다. 오히려 홀가분했다. 그동안 무엇 때문에 나에게 이상한 증상이 나타났는지도 몰랐는데, 이제는 병명을 확실하게 알고 나니 속이 시원했다.

나의 직장 스트레스는 예상보다 훨씬 더 심각하다는 사실에 놀라지 않을 수 없었다. 대기업에서 근무한다는 자부심에 지독한 스트레스를 꼭꼭 숨겨서 그런 것 같았다. 그래도 나는 내 의지 정도면 병은 금방 나을 것이라 확신했다. 하지만 그것은 나의 짧은 생각이었다. 나는 의사 선생님과 상담 후 처방대로 착실히 약을 복용하면서 웬만하면 스트레스를 받지 않으려고 노력했다.

'난 이겨 낼 수 있어. 이건 아무것도 아니야.' 마인드 컨트롤을 통해 확고한 의지를 불태우며 몇 주가 지나갔다. 그러나 금방 나을 것 같던 증상은 쉽게 멈추지 않았다. 회복 시간이 길어지자 마음이 조급해졌고, 그런 조급함은 증상을 더 악화시키는 상황을 초래했다. 특히 직장 상사들과 함께 있을 때는 그곳이 카페 같은 편한 장소라도 예외 없이 증상이 나타나곤 했다. 가족도 친구도 있었지만 어디 하나 편하게 말할 상대도 없었다. 그럴수록 나는 더 외로워졌다. 뼛속까지 두려움이 밀려왔고 처절하게 외로웠다.

사람이 위로가 되던 날

시간이 갈수록 몸에 있는 증상 하나 덜어내지 못하고 사는 나 자신이 한없이 초라해 보였다. 절반쯤은 체념한 채로 병원을 의무적으로 다녀야 했다. 회사에 있는 것이 싫어서 업무시간에 병원에 다니기도 했다. 그러던 어느 날, 그날도 병원에서 상담을 받는 날이었는데, 병원 입구에서 낯익은 얼굴을 만났다. '아! 누구였더라. 어디서 많이 봤는데…….' 그 순간 그녀를 인터넷 공황장애 카페에서 본 기억이 떠올랐다. 사진과 함께 올렸던 그녀의 글에서 나는 깊은 동료애를 느낀 적이 있었다. 그녀는 공황장애와 함께 우울증을 앓고 있는 취업 준비생이었다.

"혹시, 공황장애 치료받으러 오셨어요?"

내가 그녀를 알아보며 말을 건네자 그녀는 깜짝 놀라며 한 발 뒤로 물러섰다.

"어떻게 아셨어요?"

나는 인터넷 카페에서 보았다며 반갑게 내 소개를 했다. 그렇게 나는 그녀와 친구가 되었다. 공유할 대화가 있으니 우리는 금세 친해질 수 있었다. 예전에는 공황장애라는 말을 하기 싫어 친구도 가족도 멀리 했는데 그녀와는 허심탄회하게 병에 대해 이야기를 나누다보니 자연스럽게 가까워졌다. 나는 그녀를 만나면서 조금씩 안정감을 찾아갔다. 그리고 병원 가는 날이면 그녀와 약속을 하고 같이 치료를 받기도 했다. 병원에 가는 일이 즐거우니 차츰 증상도 나아졌다.

이제 나는 혼자가 아니다. 공황장애는 나에게 고통을 안겨주었지만 동시에 소중한 사람도 만나게 해주었다. 어쩌면 머지않아 병원이 아닌 멋진 곳에서 그녀와 행복한 시간을 만들어가고 있을지도 모르겠다. 반드시 그런 날이 오리라고 소망해본다.

 remind

나를 지치게 하는 것은 멀리한다

스트레스는 몸과 마음의 에너지를 소모시킵니다. 지속적인 에너지 저하는 공황장애 유발과 관련이 깊습니다. 치열한 경쟁사회를 살아가는 직장인이라면 누구도 스트레스 없이 생활하기란 쉽지 않습니다. 이러한 스트레스는 불안 관련 질병들을 일으키는 원인이 됩니다.

삶의 스타일을 바꾸라는 신호

사례자의 경우 직장생활에서 오는 스트레스를 합리적으로 해결하지 못하고 불안 증세를 더 악화시켰습니다. 직장에서 프레젠테이션을 해야 한다는 부담감이 처음부터 그를 괴롭혔던 것은 아닐 겁니다. 그 전에도 같은 일을 경험했을 것이고 성공적으로 임무를 수행했을 것입니다. 문제는 모든 일에 완벽해야 한다는 강박관념이 그의 잠재된 불안감을 자극했던 것 같습니다. 임상적으로 보면 내향적이면서 완벽주의적이며, 예민하고 깔끔한 사람들에게 공황장애가 더 자주 발생합니다. 이런 성격의 사람들이 여러 스트레스, 과음, 피로, 과민 상태가 지속되다가 어느 날 갑자기 공황발작을 일으키는 것입니다.

사례자는 계속되는 야근과 지나친 음주 등으로 몸과 마음의 에너지도 상당히 저하되어 있었습니다. 설상가상으로 직장 상사와의 갈등과 과중한 업무까지 스트레스가 많이 쌓인 상태였습니다. 대체로 직장 내 스트레스로 고민하시는 분들은 직장과 자신을 동일시하는 경향이 강합니다. 그래서 일에서 얻는 성과와 좌절에 크게 영향을 받게 되고, 그러면 결국 스트레스는 커질 수밖에 없습니다. 이런 분들은 직장과 자신을 명확하게 분리하는 것이 좋습니다.

또, 직장에서 자신이 해야 할 말을 하지 못해서 끙끙거리는 사람들도 많습니다. 부당하다고 생각되는 일은 소신껏 자신의 의견을 말하는 것이 좋습니다. 혼자서 오해하거나 더 큰 문제로 확대시켜 고민하는 경우가 많기 때문입니다.

공황장애가 발생한 뒤에는 반드시 생활습관의 변화가 필요합니다. 피로를 줄여야 하고, 과음과 흡연, 커피 등을 중단해야 하며 자신의 컨디션에 민감해져야 합니다. 그래서 공황장애는 스트레스에 찌든 내 삶에 대한 경고입니다. 적절한 휴식과 스트레스를 잘 풀어주는 생활습관의 변화가 필요한 때입니다. 연구결과에 따르면 제대로 휴식을 취하지 않고 업무에 매달리는 사람들보다, 퇴근 후에 제대로 쉬고 자신의 시간을 가지는 사람들이 업무에 대한 집중력이 더욱 뛰어나다고 합니다. 이런 의미에서 공황장애는 삶의 스타일을 바꾸라고 말하는 뇌의 신호라고 할 수 있습니다.

사람들 앞에 서는 두려움

직장생활을 하다보면 사람들이 많이 모인 곳에서 제품을 설명하거나 자신을 소개하는 경우가 종종 있습니다. 이런 방식은 공황장애 치료에도 도움이 됩니다. 사례자는 자신이 중심이 되어 일을 수행해야 할 때, 혹시 실수를 하거나 모욕적인 상황에 처하게 될까 두려워합니다. 하지만 직장생활을 하면서 언제까지 사람을 멀리할 수만은 없습니다. 그러한 두려움은 자신을 신뢰하지 못하고 그저 상황을 회피하려고만 하기 때문에 결국 사회적 접촉을 어렵게 만듭니다.

이럴 때 일부러 다른 사람들 앞에 자신을 드러내 보이는 훈련을 해보는 것도 좋습니다. 다른 사람의 관심을 의도적으로 유발해보고 그런 관심을 견뎌낼 수 있도록 자신을 테스트 해보는 겁니다. 이런 방법은 일상생활에서도 충분히 시도해볼 수 있습니다.

예를 들어 지하철을 타고 첫 칸에서부터 마지막 칸까지 걸어간다거나 식당에서 반찬을 더 달라고 큰소리로 부탁을 해보는 것도 좋은 방법입니다. 화장실 앞에서 "너무 볼일이 급해서 그런데 제가 먼저 들어갈 수 없을까요?"라고 부탁해보기도 합니다.

그 누구도 완벽하게 심리적으로 안정을 느끼는 사람은 없습니다. 우리는 누구나 불안정하며 누구나 마음의 평화와 안정을 원합니다. 그러니 '왜 나에게 이런 일이 생겼을까?' '내가 왜 정신건강의학과까지 다녀야 하나' 하는 부정적인 생각으로 자신을 소모시킬 필요는 없습니다. 누구나 겪을 수 있는 일을 내가 지금 겪고 있는 것뿐입니다. 사례자는 자신과 같은 공황장애 환자를 만나면서 비로소 자신에게 더 관대해질 수 있었습니다. 이런 변화는 곧바로 그에게 정서적 안정을 가져왔고 치료시기도 앞당길 수 있었습니다.

산에 있는 나무를 보십시오. 평온하게 서 있는 한 그루 나무 같아도 온갖 위험을 견디며 지금의 그 자리에 서 있는 것입니다. 강한 바람도 견뎌야 하고 산불도 조심해야 하고 사람의 공격으로부터도 피해야 합니다. 그렇게 한 해 한 해 나이테를 만들어가는 것이 얼마나 어려운지를 온몸으로 보여주고 서 있습니다. 우리도 살다보면 이유 없이 불안해지고 그 불안이 깊다보면 누구나 공황장애를 앓을 수 있습니다. 중요한 것은 병에 걸린 것이 아니라, 어떻게 병을 잘 다스려서 치유해갈 것인가에 있습니다.

 Relax 몸과 마음을 편히 쉬기

휴식은 지친 몸과 마음에 활력을 불러온다. 바쁘더라도 일부러 휴식 시간을 정해 놓고 적극적으로 쉬는 게 좋다. 편안한 공간에서 나만의 시간을 만끽하고 몸과 마음을 충분히 이완시킨다. 내면의 불안들을 하나씩 내려놓고 그 불안의 의미를 생각해본다.

anxiety free
14

잃어버린 행복을 찾아서

장기옥

밤 11시, 조용한 밤의 적막을 깨고 전화벨 소리가 울렸다. 늦은 밤의 전화벨 소리는 이상하게 긴장감이 있다. 친정엄마의 다급한 목소리가 들려왔다. "아이고 어떡하니! 오빠가 오토바이를 타고 가다가 사고가 났다. 어서 병원으로 빨리 와야겠다." 황급히 전화를 끊자 잠시 머리가 띵하고 어지러움이 느껴졌다. 실감이 나지 않은 사고소식에 나는 어안이 벙벙했다.

깊은 슬픔의 시작

깊은 밤, 나는 남편과 함께 서둘러 오빠가 입원해 있다는 병원으로 향했다. 남편이 저녁에 술을 조금 마시고 들어와서 내가 운전을 해야 했다. 오빠가 별일 없기를 기도하면서 나는 내부순환도로를 세차게 달렸다. 차들은 경쟁하듯 속도를 내며 달리고 있었고, 내 마음도 그 속도를 따라가고 있었다.

'오빠, 제발…… 살아만 있어줘!' 오빠가 무사하기만을 기도하며 한참을 달리는데 앞선 차들이 터널 속으로 들어가는 모습이 보였다. 그때 순간적으로 아득한 기분 속으로 빠져 들었다. 이내 정신을 차리고 보니 옆 차선을 달리던 차가 부딪쳐올 것처럼 내 쪽에 바짝 다가왔다. 뒤따라오던 차도 전속력으로 나를 향해 달리고 있었다. 그 도로 위에서의 공포감에 사로잡힌 나는 온몸에서 식은땀이 흐르고 숨이 막혀왔다. 옆에 앉아 있던 남편에게 소리를 질렀다.

"여보! 나 이상해. 나 죽을 것 같아. 어떻게 좀 해봐!"

"무슨 일이야? 여보, 정신 차려."

남편은 당황해하며 어찌할 바를 모르다가 급히 비상등을 켜고 핸들에 손을 얹어서 나를 진정시키려 했다.

"여보, 천천히 브레이크를 밟고 갓길에 차를 세워봐. 천천히!"

"으악……, 헉헉."

"여보, 여보! 정신 차려."

간신히 차를 갓길에 세우고 벌컥벌컥 물을 마셨다. 도무지 호흡이 정상으로 돌아오지 않았다.

"헉헉."

한참을 지나고 나서야 조금 정신이 돌아왔다. '내가 방금 전에 경험한 일이 도대체 무슨 일인가?' 남편은 갑자기 일어난 오빠의 사고 때문에 스트레스를 받아서 그런 것 같다며 나에게 마음을 편하게 먹고 천천히 가자고 했다.

우여곡절 끝에 간신히 병원에 도착한 후 나는 응급실 병원 침대 위에 누워 있는 오빠를 보고 그 자리에서 주저앉고 말았다. 오빠는 몸 여러 곳에 심한 찰과상을 입은 상태였다. 오빠의 안전을 확인하는 순간 나는 몸 안에 있던 모든 피들이 한꺼번에 쭉 빠져나가는 느낌이 들었다. 마치 새털처럼 몸이 가벼워지는 것 같았다.

비슷한 증상을 다시 경험하게 된 것은 일 년 쯤 지나서였다. 남편과 같이 부부동반 모임이 있었는데 모임이 끝나고 술에 취한 남편을 대신해 운전을 하며 집으로 돌아오는 길이었다. 남편은 너무 취했던지 차 안에서 구토를 하고 말았다. 그 모습은 나의 신경을 곤두세우게 했고, 급기야 일 년 전의 이상증세가 재연되는 느낌이 들었다. 두려움에 휩싸인 나는 신의 이름을 부르며 간절히 도움을 청했다.

"하느님, 부처님! 제발 살려주세요."

나는 간신히 갓길에 차를 정차하고 그대로 핸들에 머리를 박고 통곡을 하기 시작했다.

최악의 상황들과 만나다

나의 행동반경은 점점 좁아져 갔고 성격도 소심해지기 시작했다. 잠수함을 타고 바다를 구경하다 숨이 막혀 죽을 뻔했고, 영화가 상영되기 전에 잠시 불이 꺼지는 순간도 못 견디고 뛰쳐나오기도 했다. 친구 집에 놀러 갔다가 아파트의 높은 층이 무서워서 도망치듯 나와야 하는 상황도 있었다.

이렇게 공황장애는 본격적으로 나를 공격하기 시작했다. 발작이 반복되면서 내 정신상태도 비정상적으로 되어가고 있다는 것을 알았지만 누구에게도 차마 말할 수가 없었다. 생각해보면 '죽음에 대한 공포'는 아이 셋을 낳은 후부터 시작된 것 같다. 아이 셋을 똑같이 차별하지 않아야 한다는 생각과 남부러워할 만큼 훌륭하게 키우고 싶다는 욕심이 상당히 컸던 것이다. 여기에 건강하게 오래 살아야 한다는 건강염려증까지 겹쳐져서 나의 정신건강은 극도로 삐거덕거리기 시작했다.

몸도 마음도 지쳐가던 나는 결국 최악의 상황과 마주하게 되었다. 학교에서 끊임없이 문제를 일으키던 사춘기 아들에 대한 절망이었다. 나는 수시로 학교에 가서 잘못을 빌어야 했고 그러던 중 아들의 담임선생님은 마지막으로 나를 학교로 호출했다.

"어머님, 학교에서는 더 이상 아드님을 보호할 수 없습니다."

"죄송합니다. 이번 한번만 더 봐주시면 다시는 그런 일이 없도록 하겠습니다."

"다른 아이들에게 나쁜 영향을 미치기 때문에 그냥 봐줄 수 없는 상황입니다……."

당시 아들은 출석일수가 모자랄 만큼 학교에도 가지 않았고 그 불량스런 아이들과 어울리며 평범한 학생을 포기한 상태였다. 담임선생님은 대안으로 다른 학교로 옮기는 것이 좋겠다는 의견을 내놓았다. 꿈에도 상상하지 못했던 불행들이 내게 밀려왔다. 세상에서 가장 불행한 사람은 바로 나라는 생각에 견딜 수 없이 절망스러웠다. 그런 생각은 나를 더욱 불안하게 했고, 급기야 하루에도 몇 차례씩 공포의 순간에 치를 떨어야 했다. 나는 이제 공식적인 '미친 여자'로 변해 있었다.

계속되는 불면의 밤을 견딜 수 없자 나는 남편에게 정신건강의학과에 데려다줄 것을 부탁했다. 병원에 가면 잠이라도 자게 해줄 것 같았다. 나는 베개를 들고 남편을 따라 병원을 찾아갔다. 의사 선생님과 상담을 시작했지만 질문에 대답하는 것도 버거워서 남편이 대신해주었고, 나는 옆에서 졸다가 울다가 하면서 정신을 차리지 못하고 있었다.

"선생님, 제발 입원시켜주세요. 그리고 잠 좀 자게 해주세요."

끝없이 떼를 쓰고 우는 나에게 의사 선생님은 약을 처방해주었고 나는 그 약을 복용하면서 비로소 길고 긴 고통의 터널에서 서서히 벗어나기 시작했다.

정신건강의학과의 문을 과감히 두드려라

치료를 시작하자 놀랍게도 정신이 회복되는 것 같았다. 이 사실이 너무 기뻐서 만나는 사람마다 자랑을 하고 다닐 정도였다. 그런데 치료를 하면서 새롭게 발견한 사실이 있다. 바로 나와 같은 경험을 하고 있는 사람들이 의외로 많다는 것이다. 내가 먼저 나의 경험을 말해주면 그들도 자신의 이야기를 조심스럽게 고백했다. 그들의 안타까운 이야기를 들을 때마다 나는 반드시 치료를 받아야 한다는 말을 잊지 않았다. 하지만 안타깝게도 많은 사람들이 '정신건강의학과'에 대한 오해들 때문에 치료를 꺼리고 있었다.

"그거 의료보험 기록에 남아서 직장 다닐 때 불이익을 받을 수 있는 거 아닌가요?"

"조금만 잘못하면 정신건강의학과 기록을 보고 정신병자로 취급하지 않나요?"

이런 편견 때문에 정신건강의학과 치료를 기피하고 있다는 것이 안타까울 뿐이었다. 인간의 수명이 연장되면서 가장 많이 언급되는 말이 '삶의 질'을 높여야 한다는 것이다. 이제 단순히 오래 사는 것은 의미가 없다. 중요한 건 삶의 질이다. 이를 위해서는 당연히 건강해야 한다. 그렇다면 먼저 질병의 원인을 해결해야 한다. 감기가 걸리면 병원에서 진료를 받고 내 감기 증상에 맞는 약을 처방받아 복용하면 된다. 정신건강의학과 질병도 마찬가지다. 신체가 아픈 것이나 마음이 아픈 것이나 똑같이 치료를 받아야 한다.

지금 이 글을 쓰는 순간, 지난날 이유도 모른 채 부딪혀야 했던 수많은 공포의 시간들이 스쳐지나간다. 그 공포의 시간들로부터 자유로워진 지금은 그저 감사하고 기쁠 뿐이다. 힘든 치료 과정 동안 곁에서 지켜준 가족들에게 표현할 수 없는 고마움을 느낀다. 마지막으로 불안의 고통을 겪고 있는 분들께 좀 더 용기를 내어 세상 밖으로 나오라고 말해주고 싶다. 병을 이기겠다는 용기, 새로운 내가 되겠다는 용기, 그리하여 더 나은 삶을 살겠다는 용기를 전하고 싶다.

 remind
핵심 불안에 직면한다

불안이 정상적인 생각과 행위를 방해할 정도로 지나치면 이를 공황이라고 합니다. 흔히 공황에 대한 두려움은 다른 불안을 유도하기도 합니다. 실체를 알 수 없는 모호한 불안이 많아지면 상황은 더 힘들게 됩니다. 그래서 불안의 실체를 명확하게 알아야 합니다. 자동차의 내비게이션이 정확한 목적지를 알려주듯이 내 불안의 정확한 주소가 어디인지를 면밀히 살펴보아야 합니다. 불안의 근원지를 정확히 알아야 병도 완치될 수 있습니다.

조기치료가 중요하다

사례자는 아들 문제로 스트레스를 급격하게 겪은 후에 불면증이 생기고 더 이상 견딜 수 없을 정도가 되어서야 병원을 찾았습니다. 그런 고통을 혼자서 견디고 있었다는 것 자체가 놀랍습니다. 정확하게 알기는 어렵지만 아마도 거의 5~6년 동안 공황장애의 고통을 견디고 있었습니다. 아직도 공황장애 자체를 제대로 진단받지 못하고 자신의 정신이 이상해진다고만 생각하거나, 병원에 가더라도 심장병이나 뇌혈관 질환의 일종이라고 생각하고 일반적인 치료나 한방치료만을 받고 있는 분들이 많습니다. 사례자도 일찍 병원을 찾았다면 치료 기간을 훨씬 줄일 수 있었을 것입니다.

사례자는 병원 치료를 받기 시작하면서 몰라보게 호전되었습니다. 특히 잘 대처한 것은 약물 부작용이 출현했을 때였습니다. 여성의 경우 식욕이 늘면서 음식이 당기고 체중이 늘고 변비가 생기는 부작용을 염려하여 약을 상의 없이 끊어버리는 경우가 많습니다. 다행히 이럴 때 사례자는 주치의에게 세세히 설명하고, 이에 따른 적절한 처방을 받아서 부작용 문제를 쉽게 해결할 수 있었습니다.

핵심 불안을 찾는다

심리학적으로 사람을 힘들게 하는 몇 가지 특징을 살펴보면 '예상하지 못하고' '조절하지 못하는' 일에 대한 스트레스가 대부분입니다. 아무리 힘든 일이라도 '아! 이때쯤 나타나겠지'라는 예측이 맞아떨어지면 얼마든지 견딜 수 있습니다. 또 자신이 어느 정도 증상을 조절할 수 있다면 감당하기도 쉽습니다. 하지만 공황은 이 두 가지 속성을 모두 가지고 나타납니다. 언제 올지 전혀 예측할 수 없고, 일단 증상이 나타나면 조절할 수 없다고 느끼기 때문에 증상이 다시 찾아오는 것에 대한 공포가 클 수밖에 없습니다.

그래서 불안은 실제보다 과장되기 마련입니다. 예를 들어 호흡 곤란이나 목 졸림 현상이 나타나면 '난 이제 심장이 마비될 거야. 심장이 마비되면 곧 죽게 되겠지'라고 생각하는 것입니다. 이처럼 현실보다 과장된 불안감으로 몹시 시달리게 됩니다. 독일의 시인이자 극작가 실러는 '우리가 두려워하는 공포는 종종 허깨비이지만 그럼에도 불구하고 실제 고통을 초래한다'고 했습니다. 내가 두려워하는 것이 실제로는 별것 아니지만 현실적으로 고통을 준다는 의미입니다. 상상으로 만들어낸 고통이 현실로 나타나는 것입니다.

모든 불안 증상에는 나름의 이유가 있습니다. 그 이유를 알기 위해서 먼저 핵심 불안을 명확히 알아야 합니다. 대책 없이 무작정 벌벌 떨게 하는 허깨비 공포가 아니라 뭔가 이유 있는 핵심 불안을 찾아서 그 문제를 해결해야 합니다. 불안의 실체를 정확히 알고 있을 때, 그 불안을 효과적으로 통제할 수 있기 때문입니다.

나의 핵심 불안을 찾기 위해서 다음 질문들에 시간을 갖고 차분히 대답해봅니다.

- 가장 두려워하는 상황은 무엇인가?
- 두려워하는 일이 실제로 발생할 확률은 얼마나 크다고 생각하는가?
- 불안이 전혀 나타나지 않은 시간대나 상황은 언제인가? 그 이유는 무엇인가?

- 언제부터, 어떤 상황에서, 어떤 과정으로, 얼마나 자주, 어느 정도로 불안을 느끼는가?
- 무조건 피하고 싶은 증상은 정확하게 무엇인가? 어떤 상황과 상태를 가장 두려워하는가?
- 불안을 일으키는 상황을 견뎌내기로 했을 때, 그 상황을 피하도록 해주는 것은 무엇인가?

 Relax 불안 일기를 써보기

불안을 가장 신뢰할 수 있는 파트너로 생각하자. 신뢰한다면 어떤 이야기도 마음 놓고 할 수 있다. 불안에게 현재의 마음 상태를 글로 써서 전달해본다. '나는 너로부터 도망가지 않아, 너를 견뎌내면 내 건강은 더 좋아질 거야'라는 긍정적인 메시지를 담는다. 이러한 긍정적인 메시지는 심리적 안정감과 함께 불안을 치유하는 힘이 된다.

anxiety free
15

어떤 상황에도 내 아이만은 지키고 싶었다

김경진

'정신건강의학과 약'이라는 편견 때문에 복용을 거부했던 노란 알약 두 알. 약을 끊고 일주일 만에 내가 공황장애 환자라는 것을 확실하게 인식하게 되었다. 간신히 정신을 차리고 나면 밀려오는 허탈감에 나의 하루하루는 점점 시들어갔다. 나는 그렇게 병의 노예가 되어갔다.

서서히 쓰러져가는 나의 일상
"술이나 담배를 하십니까?"
 "아니요."

"현재 복용하고 있는 약은 있습니까?"

"작년에 고지혈증이 있다고 해서 고지혈증 치료제 한 알씩 복용하고 있습니다."

"공황장애입니다."

"뭐라고요? 제가요?"

지난밤 잠을 자다가 헛구역질과 함께 숨을 쉬기 힘든 증상이 있어서 병원에 갔는데, 의사 선생님은 뜻밖의 진단을 내렸다. 공황장애는 연예인들이나 유명한 사람들이 심리적으로 강한 스트레스를 받아 생기는 병이 아닌가. 그런데 내가 그 병을 앓고 있다니! 내가 그렇게 많은 스트레스를 받고 있는지는 정말로 몰랐다. 나는 그저 평범한 주부였고 특별히 과도한 스트레스를 받을 만한 일도 없었다. '내가 무슨 공황장애야. 진단이 잘못 됐을 거야.' 나는 의사 선생님의 진단을 무시해버렸다. 약을 처방받긴 했지만 복용할 생각은 조금도 없었다. 좀 피곤해서 그랬을 거라며 아무 일도 없던 것처럼 대수롭지 않게 여겼다.

하지만 그날 저녁, 또 어지럼증이 나를 괴롭혔다. 가슴이 두근거리는 불안증세가 나타났던 것이다. '왜 그러지? 왜 이렇게 가슴이 조여 오는 거지.' 나는 조여 오는 불안감을 잠재우기 위해 가볍게 몸을 움직여도 보고 냉수도 마셔보았다. 하지만 잠시 뒤 내 몸은 땀에 젖었고 곧이어 몸 전체가 덜덜 떨리기 시작했다. 나중에는 심장이 내 귀에서 펌프질을 해대는 것 같은 소리도 들렸다. '안 돼. 약은 안 먹을 거야.' 그렇게 생각하면 할수록 내 몸은 더 고통스러웠다. 나는 죽을 것 같은 두려움에 결국 약을 먹을 수밖에 없었다. 이것이 나의 첫 번째 공황발작이었다.

임신 중에는 약을 먹을 수 없었다

"엄마 뱃속에 아기 있어?"

이제 막 세 살이 된 아들이 뜬금없이 질문을 했다.

"아니, 없는데."

"엄마 뱃속에 아기 있다니까."

나는 아들에게 내 배를 보이며 없다는 표시를 했다. 아마 며칠 전 임신한 친구와 함께 만났던 모습을 기억해서 그런가 생각했다.

"아기는 엄마 뱃속에 있는 게 아니라 이모 뱃속에 있어."

그 말을 듣고 나니 문득 지난달에 생리가 없었던 게 생각났다. 혹시 몰라 임신 테스트를 해보니 놀랍게도 임신이었다. 공황장애 치료약을 복용하고 있던 나에게 임신이라니! 나는 한달음에 병원으로 달려갔다. 만약 임신이라면 혹시라도 공황장애 치료제가 태아에게 영향을 미칠까 두려웠기 때문이다.

"축하드려요. 임신입니다."

의사 선생님은 입가에 미소를 지으며 축하 인사를 했다.

"임신이라고요?"

순간 머리가 멍해져왔다. 기뻐해야 해야 할지 아니면 절망해야 할지 판단이 서질 않았다. 의사 선생님은 어리둥절해 하는 나에게 공황장애 치료제에 대해 말해주었다.

"공황장애 치료로 태아에게 특별한 기형이나 다른 질병이 유발되었다는 보고는 없으니, 일단 안심하세요."

"지금까지 약을 먹었는데 몸에 약 성분이 남아 있지 않을까요?"

"의사의 지시에 따라 약을 줄이고 중단하면 괜찮습니다."

"그럼 앞으로 공황장애 치료는 어떡하죠?"

"임신 기간 중에는 약을 드시지 않는 것이 좋습니다. 약을 쓰지 않는 동안에는 인지행동치료라는 정신심리치료가 매우 효과적입니다."

임신으로 인해 공황장애 치료에도 변화가 생겼다. 의사 선생님은 치료제 복용을 조금씩 줄이라고 했다. 하루에 두 알씩 먹던 것을 삼 일에 한 알, 그 다음에는 일주일에 한 알씩 서서히 줄이는 방법을 알려주었다. 하지만 나는 더 적극적으로 약을 중단하고 싶었다. '공황장애로부터 어린 생명을 지켜내자.' 나는 의사 선생님의 처방을 무시하고 바로 그 다음날부터 한 알도 먹지 않았다. 4개월 동안 하루도 빠지지 않고 복용해왔던 치료제를 갑자기 끊어버린 것이다. 약을 먹지 않은 첫 날, 나에게는 아무런 일도 일어나지 않았다. 나는 약으로부터 완전히 독립했다고 믿었다. '역시 모성애는 모든 걸 극복할 수 있어.'

공황이 준 깨달음

안심도 잠시. 금단 증상은 생각보다 훨씬 빨리 찾아왔다. 약을 끊은 지 이틀째 되던 날 발작은 더 고통스럽게 다가왔다. 가벼운 입덧과 함께 찾아온 발작은 나의 의지를 무력하게 만들었다. 급체를 한 것처럼 가슴이 막혔고, 귓가에는 몇 만 볼트의 전기가 흐르는 것 같은 찌릿찌릿함이 쉬지 않고 나를 괴롭혔다. 하지만 그 어떤 고통도 참았다.

'내 아이를 지킬 거야.' 증상은 맹렬하게 나를 괴롭혔다. 약을 복용해야겠다는 몇 번의 유혹을 견디는 동안 나는 죽음의 문턱을 넘나들어야 했다. 그렇게 일주일을 버티고 나자 금단증상에서 서서히 벗어나는 것 같았다. 나는 보기 좋게 공황장애를 이겨내는 듯했다. 그러나 또 다른 문제가 생겼다. 걸음마가 두려워 일어서지 못하고 있는 겁 많은 아기처럼 혼자서는 외출을 할 수 없었던 것이다. 외출에 대한 두려움이었다.

약을 끊고 본격적으로 공황발작과 온몸으로 부딪히면서 나는 몇 가지 중요한 사실을 깨닫게 되었다. 그것은 바로 나의 공황발작이 언제 일어나는지를 파악하게 된 것이다. '나를 돌봐줄 사람이 없는 낯선 공간에서 쓰러지면 어떻게 하지' 하고 걱정을 하면 어김없이 공황발작이 찾아왔다. 그렇지 않고 다른 일에 몰두해 있을 때는 그런 공포감에서 벗어날 수 있었다. 나는 적극적으로 생각을 바꿔먹었다. '나는 할 일이 많아. 공황 같은 것과 마주할 시간도 없어.' 나에게 반복적으로 일어나는 일의 흐름을 알고 나니 발작 증세도 조금씩 다룰 수 있을 것 같았다. 이제는 혼자서 대형 쇼핑몰에서 옷을 고르고 서점에서 책을 읽을 수 있을 만큼 좋아졌다. 물론 가끔 땅이 흔들리는 어지럼증과 불안감을 느끼지만 '이 또한 지나가리라'를 읊조리며 내 마음을 다잡는다.

요즘의 나는 무척 행복하다. 이른 아침에 공원을 산책하며 새로운 에너지를 얻는 것도 일상의 행복이다. 조물주가 나에게 준 생명을 건강하게 잘 지켜내고 있다는 사실이 새삼 대견하다. 이제는 힘든 일이 생길 때마다 나에게 이렇게 말한다. '이 또한 지나가리라.'

 remind

생각을 바꾸면 불안도 작아진다

어느 날 갑자기 공황장애라는 진단을 받으면 누구나 절망과 한탄이 터져 나옵니다. 만약 자신이 임신을 했다면 그 불안감과 당혹함은 더욱 커질 수밖에 없습니다. 이럴 때 나의 병을 어떻게 받아들이느냐에 따라 그 결과는 확연히 달라집니다. 공황장애의 경우 임신으로 인한 호르몬 변화와 주변의 관심은 산모에게 안정감을 주어 불안 증세를 호전시키는 데 유익하게 작용합니다.

임신 중에도 약을 먹어야 할까?

임신은 여성에게 신체적, 감정적으로 큰 변화를 가져옵니다. 최근 미국 불안의학회에서 발표된 연구결과를 보면 임신한 여성에서 분비되는 성호르몬의 농도가 임신 전과 비교하여 에스트로겐은 100배, 프로게스테론은 약 1000배 정도 상승한다고 합니다. 이렇게 증가된 에스트로겐과 프로게스테론은 기분을 조절해주는 신경전달물질인 세로토닌 합성을 증가시켜서 불안감, 우울감 등을 낮춰줍니다. 이러한 정서적 안정감은 임산부의 공황발작의 횟수를 감소시키거나 상당 부분 호전시켜줍니다. 따라서 공황발작 때문에 임신을 망설일 이유는 없습니다.

물론 임신을 한다고 해서 완전히 공황발작이 멈추거나 없어지는 것은 아닙니다. 다만 공황장애가 임신에 미치는 영향이 있을 수 있고, 또 임신 중에는 약물 복용에 여러 제한이 있기 때문에 반드시 전문의와의 상담이 필요합니다. 전문의의 적절한 가이드에 따라 치료를 유지하면 얼마든지 성공적인 출산이 가능합니다.

 Relax 자신에게 용기를 내기

공황상태에서는 자신이 한없이 나약한 존재처럼 느껴질 수 있다. 하지만 그것은 일시적인 상태일 뿐이다. 내 안에는 공황보다 더 큰 힘이 있다는 것을 믿는다. 나 자신을 믿고서 끝까지 포기하지 않도록 용기를 주는 것이 필요하다. 섣불리 자책하거나 낙심하지 말고 누구나 한번쯤 겪을 수 있는 일이라고 생각한다.

내가 불안으로부터
편안해지기까지

Part 3 살아가기

anxiety free 16

나의 상처와 치유를 고백한다

박태용

초등학교를 졸업한 후 친구들과 떨어져 집에서 한참 먼 학교에 배정을 받았다. 친구도 없는 학교에 혼자 다니는 것은 너무도 힘들었다. 나는 늘 외톨이 같았다. 시간이 흐르면서 새로운 친구들도 사귀고 학교생활도 어느 정도 적응해가고 있는데, 갑자기 또 다른 도시로 이사를 가야 했다.

중학시절 난데없이 당하다

새로운 환경이 죽기보다 싫었지만 내가 선택할 수 있는 일은 아무것도 없었다. 이사가 그렇고 전학이 그랬다. 이사 가기 전날,

나는 학교를 가기 위해 버스를 탔다. 그런데 버스를 타는 순간, 갑자기 숨이 막히면서 머릿속이 텅 빈 것 같은 느낌이 들었다. '아! 버스가 너무 만원이라 숨을 쉬기가 힘들어.' 크게 심호흡을 하면서 가능한 한 산소를 많이 들이마시려고 했다. 그 짧은 순간, 나는 감당할 수 없는 어지러움에 그만 그 자리에서 쓰러지고 말았다. 누군가가 급히 나를 의자에 앉혔지만 나는 한동안 정신을 차리지 못했다. 짧지만 강렬한 느낌, 공황과의 첫 대면은 그렇게 찾아왔다. 나는 그것이 공황장애였다는 것을 15년이 지난 후에야 깨닫게 되었다.

그날 이후 나는 수없이 많은 발작을 감당해야 했다. 견딜 수 없는 고통의 시간이 나의 몸과 마음을 관통하고 있었다. 어린 나이에 겪는 이 고통을 '어쩔 수 없는 숙명'이라고 여기며 애써 참으려고 노력했다. 병원에 가야 한다는 생각도 하지 못했고, 또 병원에서 해결할 수 없는 문제라고 치부해버렸다. '내 정신이 잘못돼서 그런 건데 병원에서 뭘 해주겠어.' 나는 그저 어쩔 수 없는 나의 문제라고만 생각했다.

오랜 시간 혼자 끌어안고 있던 증상은 더욱 심각해져서 결국 나는 탈진상태에 빠지고 말았다. 그렇게 나는 젊은 시절을 고통스럽게 보내고 나서야 뒤늦게 병원을 찾게 되었다. 치료를 받는 동안에도 치료에 집중하지 못했다. 남의 시선을 의식했기 때문이다. '나의 이상한 모습을 다른 사람들은 어떻게 생각할까?' '발작하는 모습을 다른 사람들에게 보이고 싶지 않아.'

공황발작도 괴로웠지만 그런 내 모습을 남들에게 들키는 것은 끔찍할 정도로 싫었다. 초등학교 시절 밝고 활동적이었던 내 성격은 공황을 겪으면서 점점 변하기 시작했다. 나는 사람들이 많이 모인 곳이면 일부러 피해 다녔다. 그런 나를 두고 사람들은 몸도 마음도 약한 '약골'이라고 불렀다. 그것이 낙인이라도 되듯 나는 더욱더 사람들의 시선을 피하기에만 바빴다. 사회생활은 물론 가족과의 관계도 지극히 제한적이었다. 친지들의 결혼식이나 행사에도 일절 얼굴을 보이지 않았다. 그런 폐쇄된 나의 삶은 대학원까지 계속되었다. 내가 점점 더 피폐해져 갈수록 공황발작은 더 센 전투력으로 나에게 침입해왔다. 게릴라전을 펼치듯 시시때때로 나를 공격해왔지만 나는 속수무책으로 당할 수밖에 없었다. 공황발작과 오랜 전쟁을 펼치는 동안 학교 성적과 출결사항은 형편없이 떨어졌고, 그 사이 친구들에게 나는 약골과 이상한 녀석이라고 불리게 되었다.

"저 친구 좀 이상하지 않아? 학교엔 왜 다니는지 모르겠어."
"직장 생활이나 제대로 할 수 있을까?"

공황이 다시 찾아왔다

어려운 상황 속에도 나는 대학원을 졸업하고 군대도 다녀왔다. 어렵지 않게 직장에도 들어갔고, 얼마 지나지 않아 결혼도 했다.

결혼하고 6개월쯤 지났을 때였다. 가을볕이 따스한 어느 날

올림픽대로를 달리고 있었다. 교통체증으로 차가 막히고 있었지만 늘 있던 일이라 대수롭지 않게 여기며 정체가 빨리 풀리기를 기다리고 있었다. 그때 갑자기 내 뒤에서 감당할 수 없는 무엇이 나를 공격하는 느낌이 들왔다. 나는 손을 쓸 틈도 없이 그 대적에게 굴복하고 말았다. 그 순간 내가 할 수 있는 일이란 고작 비상등을 켜두는 일밖에 없었다. 대적은 오랫동안 나를 염탐해오다 마침 공격의 기회를 잡은 듯 강력한 힘으로 몰아세웠고, 나는 그 기세에 완전히 압도당할 수밖에 없었다.

그날 이후 하루에도 몇 번씩 대적은 더 강하게 나를 찾아왔다. 대적은 나의 피할 수 없는 '나의 숙명' 같았다. 나는 심사숙고 끝에 회사를 그만두기로 했다. 도저히 회사를 다닐 수 있는 상황이 아니었다. 끝이 보이지 않는 대적과의 싸움에 급기야 나는 이혼까지 결심하게 되었다. '이 힘든 싸움을 나 혼자 겪는 것이 낫겠어.' 모든 것을 빨리 정리하고 싶었다. 그런데 미처 생각하지 못한 일이 발생했다.

"여보! 나 임신했어."

"임신? 이 상황에서 무슨 임신이야."

아내의 임신 소식을 들은 나는 또 다시 좌절을 맛봐야 했다. 내 몸 하나도 추스르지 못하면서 어떻게 한 아이의 아빠가 될 수 있겠는가. 나는 모든 것으로부터 탈출하고 싶었다.

"당신은 충분히 이겨낼 수 있어요. 우리 이제 처음부터 다시 시작해요. 병원부터 차근차근 다녀보면 좋은 방법이 생길 거예요."

아내는 내 곁에서 새 생명의 희망을 전해주려고 노력했다. 나는 아내의 눈물어린 호소에 그 대적과 정면대결을 하기로 결심했다. '그래, 피하지 말고 마주하는 거야. 너라는 놈 한번 상대해주겠어.' 생각해보면 그때까지 나는 나의 대적에 대해 그 누구에게도 털어놓은 적이 없었다. 그것은 오직 나만의 문제라고 생각했다. 누구도 나의 대적을 이해하지 못할 것이고, 그래서 나는 누구의 도움도 받을 수 없을 거라고 판단했다. 하지만 그것은 어리석은 오만이었다. 어린 시절부터 그 대적에게 짓눌려 왔기 때문에 나는 그것을 오직 나만의 문제라고 믿고 있었다.

상처 입은 치료자

새 생명은 내게 큰 힘을 가져다주었다. 딸아이가 태어나면서 나의 자세도 달라지기 시작했다. 미뤄왔던 병원치료를 적극적으로 임하게 된 것이다. '아이를 위해서 나는 반드시 회복되어야 해.' 그동안 나 혼자만 아프다는 생각에 사실 많이 외로웠다. 하지만 나와 비슷한 환자들을 많이 만나면서부터 그 외로움도 조금씩 녹아내리기 시작했다. 무엇보다 큰 변화는 나의 대적을 대하는 태도였다. 예전에는 무방비 상태에서 대적을 만났다면 지금은 효과적으로 대응하는 방법을 알게 되었다. 이제는 대적과의 싸움에도 밀리지 않고 이길 수 있다는 자신감도 생겼다. 지피지기면 백전백승(知彼知己 白戰白勝)이라고 했던가! 나는 20년 만에 처음으로 공황과 정면으로 대면하기 시작했다. 그러자 얼마 지나지 않아 나의 증세는 몰라보게 좋아지기 시작했다. 공황이라는 대적을 조금씩 밀어내면서 나는 비로소 예전의 건강했던 나를 찾아가기 시작했다.

나는 이런 변화를 '진실한 소통' 덕분이라고 생각한다. 나와의 소통, 그리고 가족과의 소통이 가능했기 때문에 나는 대적과의 싸움에서도 두려움 없이 나설 수 있었다. 공황발작이 찾아올 때마다 나는 천천히 내 안의 나에게 말했다. '많이 힘들지? 불안을 너무 두려워하지 마.' '넌 잘 이겨낼 수 있어.' 이렇게 솔직하게 나와의 소통을 가지면서 평상심을 찾을 수 있었다. 다음으로 중요한 것은 '가족과의 소통'이었다. 아프고 힘들 때마다 가장 먼저 나를 보살펴준 것은 언제나 가족이었다. 든든한 가족들이 뒤에 버티고 나를 지켜주었기 때문에 나는 흔들리지 않고 대적과 맞설 수 있었다. 이렇듯 나와 가족과의 소통은 나에게 강력한 치유제와도 같았다.

나는 공황장애를 경험하면서 '상처 입은 치유자(the wounded healer)'라는 말을 좋아하게 되었다. 나의 상처를 겪으면서 비로소 남의 상처를 바라볼 수 있는 여유도 생겼다. 예전에는 결코 느껴보지 못했던 공감하는 마음. 나의 상처와 치유의 과정을 다른 사람들에게 알리고 싶었다. 나와 같은 병을 앓고 있는 사람들에게 작은 힘이라도 도움이 되길 원했다. 이제 나는 '상처 입은' 자들을 돕는 치유자로서 새 힘이 되길 소망한다. 상처는 공감해주는 만큼 작아진다. 이 믿음을 삶에서 꼭 실천해보고 싶다.

 remind
고통은 나눌수록 작아진다

고통은 혼자서 겪을 때 더 힘들게 느껴집니다. 지금 내가 겪는 고통을 누군가 한 사람이라도 함께 느낀다고 생각하면 이상하게도 덜 고통스럽게 느껴집니다. 그래서 '슬픔은 나누면 반이 된다'는 말이 있습니다. 자신을 이해해줄 수 있는 가족이나 친한 친구, 정신의학 전문가에게 이야기하면 슬픔이 반으로 줄어들게 됩니다. 공황도 마찬가지입니다. 발생하는 문제에 대해 함께 이야기를 나눌수록 공황과 대면할 수 있는 더 많은 용기를 얻을 수 있습니다.

공황은 날마다 다르게 찾아온다

공황은 이성적으로 설명하기 어려운 면이 있습니다. 가까운 가족도 공황의 고통을 공감해주기는 매우 힘듭니다. 처음엔 가족들도 환자와 함께 여기저기 병원을 다니지만, 검사 상 아무 이상이 나오지 않고 심지어 응급실에 가도 별다른 조처 없이 증상이 사라지는 환자들을 보면서 꾀병이 아닌지를 의심하게 됩니다.

불안과 공황에 대한 이러한 예측과 회피 행동이 수시로 변한다는 사실은 환자와 그들의 가족 간 갈등의 원인이 되기도 합니다. 공황장애 환자들의 약 70퍼센트 이상에서 동반되는 광장공포증이 특히 그렇습니다. 예를 들어 어딘가를 갈 때 누군가가 동행해주어야 하는지의 여부도 가족들 입장에서는 매일 한결같아야 한다고 생각합니다. 때문에 "왜 어제는 너 혼자서도 잘 다녔으면서 오늘은 내가 동행해줘야 하니?" 하면서 환자를 몰아세우기도 합니다.

가까운 가족이나 친구들에겐 환자의 회피 행동이나 요구는 매우 이해하기 어려운 것입니다. 이런 변화는 가족들에게 환자가 지닌 문제의 신빙성에 의문을 갖게 만듭니다. 하지만 공황을 겪는 것은 날마다 다르게 경험될 수 있으며, 이런 변화의 이유를 환자 스스로도 인식하지 못하는 경우가 흔히 있습니다.

숨기면 숨길수록 더 아프다

안타깝게도 사례자는 20년 넘게 혼자서 자신의 병과 싸워왔습니다. 너무 어린 나이에 갑자기 공황과 만났고, 이후 공황이라는 대적은 그를 오랫동안 괴롭혔습니다. 사례자는 그것이 치료를 해야 하는 병인지도 몰랐고, 또 어떻게 치료를 해야 할지도 몰랐습니다. 그저 자신의 '피할 수 없는 숙명'으로 받아들였습니다. 그러는 동안 공황은 더욱 강력하게 그를 몰아세웠고 결국 그는 회사도 그만두고, 심지어 아내와 이혼까지 생각할 만큼 상황은 심각했습니다. 이렇게 문제가 눈덩이처럼 커졌는데도 그는 혼자서 끙끙대고 있었습니다. 남의 눈을 의식했기 때문에 누구에도 자신의 병을 말하지 못했습니다.

하지만 '병은 자랑할수록 더 빨리 낫는다'고 했습니다. 나의 병을 숨기면 숨길수록 병은 더 커지고, 그 책임은 고스란히 나의 고통으로 되돌아옵니다. 그동안 인지행동치료를 받고 호전된 분들이 다양한 자조(自助) 모임을 만들어 꾸준히 활동하고 있습니다. 이런 모임을 통해 비슷한 처지의 공황장애 환자들이 서로의 경험담과 좋은 치료법을 나누고, 그동안 숨기기에 급급했던 증상을 남 앞에 꺼내 보일 수 있는 용기도 얻게 됩니다.

생각이 만드는 병

공황은 생각에 의해 좌우되는 병입니다. 부정적인 시각으로 병을 바라보는 사람에게 삶은 그 자체로 너무 무겁습니다. 공황장애 때문에 삶을 부정적으로 바라보는 사람들이 많습니다. 병 때문에 힘들고 병을 바라보는 내 생각 때문에 고통은 더 무거워질 수밖에 없습니다. 이런 경우 치료를 해도 마찬가지입니다. 치료를 잘해서 공황장애 심각도 점수가 30점에서 0점이 되면 정말 나아진 걸까요? 수치상으로는 문제가 없을지는 몰라도 그 사람이 자기 삶에 부정적인 프레임을 갖고 있는 한, 병은 재발할 수밖에 없습니다.

연구에 의하면 부정적 프레임으로 살아가는 사람들은 공황장애 재발률도 더 높고 치료 기간도 더 깁니다. 결국 건강한 삶이란 병에 대한 치료는 물론이고 환자 스스로 삶을 바라보는 프레임에 변화가 일어나야 가능합니다.

다음은 공황장애 환자들이 흔히 범하는 과도한 불안을 부르는 잘못된 생각들입니다.

- **막연한 두려움이 불안을 키웁니다.**

"이유를 알 수 없는 불안이 계속 올라와요." '지하철을 타면 숨이 막힐 거야.' '터널 안으로 들어가면 마비로 움직이지 못하게 될 거야.' 이러한 막연한 두려움을 칼 융은 '멈출 수 없는 총알이 관통할 수 없는 벽에 가서 닿은 순간'이라고 표현했습니다. 이런 막연한 두려움이 불안감을 더 키웁니다. 이런 생각을 품고 있다가 우연히 그 상황에 맞아 떨어지면 실제로 발작 증상이 나타날 확률이 높습니다.

- **열등감이 불안을 키웁니다.**

실제로 공황장애는 20~30대 젊은 층에서 많이 나타납니다. 한창 열심히 일하고 꿈을 키우는 시기이지만 현실의 높은 벽에 부딪히다보면 자신감을 잃기 쉽습니다. 이런 실패의 경험이 반복되면 '나는 도저히 해낼 수 없어' 또, 일이 틀어지고 말겠지' 하며 열등적인 생각에 사로잡혀서 결국 불안감을 키우게 됩니다.

- **부정적인 생각이 불안을 키웁니다.**

일어나지 않은 일도 끙끙거리며 걱정하는 사람이 있습니다. 앞당겨서 미리 불안해하는 것입니다. '아마 나는 이번 승진에서 탈락될 거야' '나는 열심히 해도 늘 결과가 안 좋아' '나는 결코 결혼을 못할 거야' 등 머릿속에는 온갖 부정적인 생각으로 가득 차 있습니다. 이런 평소의 생각이나 감정이 하나씩 쌓여서 불안의 정도를 높입니다. 결국 공황장애의 씨앗을 심는 격입니다. 아직 벌어지지 않은 일에 대한 부정적인 생각은 의식적으로 잘라내는 연습이 필요합니다. 철학자 에픽테투스는 "인간은 사물로 인해 고통 받는 것이 아니라 그것을 받아들이는 태도에 의해 고통 받는다"고 말했습니다. 즉 상황이 불안하기보다는 나의 생각 때문에 더 불안하다는 것입니다.

긍정적인 프레임 중에 '감사하기'를 강조하고 싶습니다. 감사는 스트레스를 완화시킴으로써 면역계를 강화하며 에너지를 높여줍니다. 공황장애 환자들이 이구동성으로 "아프기 전의 하루하루가 얼마나 소중하고 감사한지를 이제야 알겠다"고 말합니다. 베스트셀러 작가 이지선 씨도 교통사고로 얼굴을 크게 다쳤지만 긍정적인 마음으로 장애를 극복해서 많은 사람들에게 큰 감동을 주었습니다. 그녀는 '하루 한 가지씩 감사한 것'을 찾으며 자신의 병을 극복하는 힘을 얻었다고 했습니다. 이처럼 병은 생각의 방향에 따라 더 커지기도 하고 빨리 완치되기도 합니다.

Relax 감사할 것들에게 감사하기

불안의 장벽을 넘어서고 건강한 나로 돌아올 수 있음에 감사한다. 그동안 나에게 격려를 보내준 모든 분들에게 감사한다. 무엇보다 불안에 주눅 들지 않고 고통을 이겨낸 나에게 감사를 보내도록 한다.

나는 나를 사랑하지 못했다

하채원

나는 1남 3녀 중 둘째 딸로 태어났다. 항상 수재 소리를 듣던 언니의 히스테리와 지극히 이기주의적인 여동생의 기고만장함을 받아주면서 내가 할 수 있는 일이란 고작 '착하다'는 말을 듣는 것뿐이었다. 특히 같은 방에서 지내야 했던 여동생과의 관계는 나에게 언제나 최악의 상황을 가져왔다. 엄마의 야단은 늘 나의 몫이었고, 그런 상황을 피하기 위해 나는 모든 것을 가슴 속에 담아둬야만 했다.

나를 괴롭혔던 착한 여자 콤플렉스

나이가 들수록 동생과의 관계는 점점 더 악화되어갔다. 그러다 직장을 잡고 서울에 오게 된 나는 처음으로 가족과 떨어져 독립생활을 하게 되었다. 이제 동생과 사사건건 부딪히지 않아도 되는 서울생활은 너무도 달콤했다. 그러나 행복도 잠시, 여동생도 얼마 지나지 않아 서울로 올라왔다. 어쩔 수 없이 나는 동생과 좁은 반지하방에서 함께 살게 되었고, 그날 이후부터 평화롭던 내 일상은 조금씩 금이 가기 시작했다. 계약직으로 힘들게 일하고 집에 돌아와도 마음 편히 쉬지 못하는 날이 많아지자, 나는 조금씩 지치기 시작했다. 이런 나와는 달리 여동생은 아무 일도 하지 않으면서 마치 자기의 몸종을 부리듯이 나를 힘들게 했다. 마음을 나눌 친구도 없는 타지에서 여동생과의 관계는 나를 더 외롭고 힘들게 했다.

"야! 그것 좀 사주면 안 돼? 내가 나중에 다 갚아주면 될 거 아니야."

"……."

"치사하게 동생한테 그 정도도 못해줘?"

"……."

거침없는 동생의 독설에 나는 한마디도 대답할 수 없었다. 내가 한마디라도 하면 동생은 엄마에게 고자질을 할 것이고 그러면 엄마는 동생한테 그러면 못쓴다며 나를 혼낼 게 분명했다. 그래서 나는 항상 동생의 요구를 고분고분 들어줄 수밖에 없었다.

그러던 어느 휴일 날, 집에서 텔레비전을 보면서 쉬고 있었다. 이것저것 너무 많이 먹었는지 소화도 잘 안 되고 배변도 시원하지 않아 약국에서 사 놓았던 변비약을 아무런 의심도 없이 먹었다. 그런데 변비약을 먹은 후 얼마 지나지 않아 갑자기 심장이 터질 것처럼 요동을 치더니 금방이라도 죽을 것 같은 공포감이 몰려왔다. '아! 내가 약을 잘못 먹었나봐. 어떡하지?' 나는 지갑만 손에 들고 서둘러 집 밖으로 뛰쳐나왔다. 급한 대로 아직 집에 돌아오지 않은 여동생에게 전화를 했다.

"어디야? 빨리 집에 올 수 없어? 나 죽을 것 같아."

그러자 동생은 짜증 섞인 목소리로 신경질을 냈다.

"뭐야? 전화할 힘이 있으면 병원에나 가봐. 나 지금 바빠."

동생이 전화를 끊는 순간, 머리는 빙빙 돌고 심장은 요동을 치다 못해 터질 것만 같았다. 살아야 한다는 생각만으로 어렵게 병원을 찾아갔다. 그렇게 공황은 내게 처음 찾아왔다.

나를 사랑하게 된 나

한 번 왔던 공황은 익숙한 집을 방문하듯이 나의 단골손님이 되었다. 나는 방문객의 정체를 숨기며 여전히 여동생과 함께 반지하방에서 위태로운 생활을 해나갔다.

그러던 어느 날, 주인은 건물 전체의 배관을 다시 고쳐야 한다며 며칠간 집을 비워달라고 했다. 할 수 없이 나는 간단한 짐만을 챙겨서 결혼한 언니 집으로 갔다. 배관이 수리되는 3~4

일 정도 신세를 지기로 했던 것이다. 그렇게 며칠이 지나고 집으로 돌아왔더니 생각지도 못한 악몽이 나를 기다리고 있었다. 퇴근 후 돌아온 집에 이상하게도 불이 환하게 켜져 있었다. '뭐지? 동생이 벌써 왔나?' 문을 열고 방에 들어서는 순간, 나는 그 자리에 그대로 주저앉고 말았다. 옷장의 모든 옷이 헤집어져 여기저기 널려 있었고, 침대 위에 놓인 식칼은 나의 심장을 금방이라도 찌를 듯 나를 겨누고 있었다. 황급히 경찰을 부르고 주인집에 알렸다. 주인집은 내가 너무 늦게 와서 도둑이 들었다며 내 탓을 했고, 경찰은 인명피해가 없기 때문에 신고접수도 안 된다며 순찰을 더 돌겠다는 대답만 돌아왔다. 내 입장은 아랑곳하지 않고 모든 사람들이 내가 죽기를 기다리는 것만 같았다.

그 일이 있은 후 얼마 지나지 않아 이번에는 다니던 회사에서 한 달 급여를 받지 못하는 일이 생겼다. 금방 해결될 것 같았던 회사의 자금사정은 더 나아지지 않았고, 그 다음 달도 지불유예가 계속되었다. 내 생활은 점점 더 불안해져갔다. 급여가 나오지 않는 몇 달 동안 아르바이트를 알아보기도 했지만 쉽게 구해지지는 않았다. 그 당시 누구에게도 힘든 이야기를 못하고 혼자 끙끙 앓고만 있었다. 하루하루가 위태위태하게 지나갔다. 한 끼의 식사조차 힘겨운 상황이었지만 부모님에게도 말씀드리지 못했다. 심지어 같이 살고 있는 여동생에게도 자존심 때문에 말하지 못했다. 온갖 스트레스를 받으며 버티는 동안 내 체중은 10킬로그램이나 빠졌고 기운조차 바닥이어서 아무것도 할 수가 없었다. 그러던 어느 날, 갑자기 '쿵!' 하는 강력한 신호와 함께 익숙한 방문객이 나를 또 찾아왔다. 공황은 그렇게 내 주변에 맴돌고 있었다.

그즈음 나는 직장동료와 교제를 시작하게 되었다. 나의 가벼운 부탁이 만남의 계기가 된 것이었다. 당시 나는 발작증상이 심해져 혼자서는 아무것도 할 수 없었다. 설상가상으로 그때 여동생도 볼일이 있어 집을 며칠 비우게 됐다. 혼자서는 도저히 지낼 자신이 없었던 나는 직장동료인 그에게 염치불구하고 어렵게 부탁을 할 수밖에 없었다.

"혹시, 저의 집에서 며칠만 같이 있어주면 안 될까요?"

나의 뜬금없는 부탁에 깜짝 놀란 그는 나를 이상한 듯 쳐다보았다. 나는 내 속사정을 솔직하게 고백했고 그는 나의 부탁을 기꺼이 들어주었다. 지금 생각해보면 그의 눈에도 내가 많이 불쌍해 보였던 것 같다. 나는 며칠 동안 그의 도움을 받으며 정말 오랜만에 편안히 잠을 잘 수 있었다. 그는 친구로서 나를 진심으로 지켜주었고, 우리는 그 일을 계기로 동료에서 연인으로 발전하게 되었다.

고집을 내려놓고 치료를 시작하다

공황장애는 내 곁을 쉽사리 떠나질 않았다. 무엇보다도 언제 발작할지 모르는 불안감에 일상생활이 힘들어지기 시작했다. 누군가 살짝 입감만 불어도 내 몸은 활활 타올라 재만 남을 것 같았다. 가족과의 관계는 여전히 살얼음판이었고 여동생의 모함은 점점 더 심해져갔다. 내가 조금이라도 소홀하게 대하면 거침없이 독설이 날아왔다.

"남자가 생기더니 뵈는 게 없냐. 반찬이 왜 이것밖에 없어."

마음속에서 걷잡을 수 없는 분노가 일어났지만, 또 동생과 엄마의 폭언을 들을까봐 입을 꾹 다물고 참을 수밖에 없었다. 생각해보면 나는 가족들과의 관계를 현명하게 대처하지 못했던 것 같았다. 가족들에게 받는 상처 때문에 나는 조금씩 피해의식에 사로잡혀갔고, 그런 내 자신이 초라하고 쓸모없이 느껴졌다. 내가 놓은 덫에 내가 걸려 벗어나지 못하는 꼴이었다. 하지만 이제 더 이상은 그 덫에 걸린 채 살고 싶지 않았다.

공황장애를 앓는 5년 동안 나는 약물치료를 거부해왔다. 정신건강의학과 약에 대한 작은 오해들이 나에게는 큰 과실처럼 느껴져 쉽게 약물치료를 시도할 수 없었다. 쓸데없는 나의 편견으로 나는 고통을 오롯이 견딜 수밖에 없었다. 하지만 고통과의 싸움이 길어지면서 나도 점점 지쳐갔고 이런 상태가 더 이상 의미가 없다는 생각에 최근에서야 약물치료를 시작했다. 지금 생각해보면 좀 더 일찍 전문가의 치료를 받았으면 좋았을 텐데 하는 아쉬움이 많이 남는다. 사람들은 너무도 쉽게 나에게 말한다.

"속 썩이는 남편이 있는 것도 아니고 말 안 듣는 아이들이 있는 것도 아니고 속 터지는 시댁이 있는 것도 아닌데 웬 화병이에요?"

이런 말을 들을 때 나는 딱히 할 말이 없다. 생각해보면 그 힘든 상황을 타인이 아닌 내가 만든 것이기 때문이다. 해답은 간단했다. '나를 먼저 생각하고 사랑하면 되는 것'이었다. 그렇게 생각을 고쳐먹고 나니 작은 희망들이 보이기 시작했다. 앞으로 나는 전공인 도서관학을 살려 사회적 기업에서 일을 해보고 싶다. 물론 나의 꿈을 위해서 먼저 해야 할 일이 있다는 것을 안다. '다른 사람을 사랑하려면 자신을 먼저 사랑하라.' 우리는 그 모두가 소중하다는 사실을 절대로 잊지 말자.

불안은 나의 문제를 알려준다

불안에도 필요한 불안이 있습니다. 불안이라는 위기신호를 통해서 나의 삶을 점검해보는 계기가 되기 때문입니다. 삶은 항상 우리를 위협합니다. 이렇게 끊임없이 위험에 노출되어 살아가는 우리에게 불안은 위기의 상황을 보다 더 잘 극복하는 법을 알려줍니다. 이러한 불안의 긍정적인 신호를 잘 활용한다면 우리는 현실의 문제를 치유하여 보다 건강한 삶을 살아갈 수 있습니다.

나의 문제를 직면하는 계기

공황증상은 어느 날 갑자기 하늘에서 떨어진 날벼락처럼 생기는 것이 아닙니다. 좀벌레가 옷을 조금씩 조금씩 갉아먹으면서 큰 구멍이 생기는 것처럼 삶의 자잘한 스트레스와 고통의 결정들이 누적되어 있다가 결국에는 눈사태처럼 그 사람의 정신세계를 엄습하게 됩니다. 이는 결과적으로 공황증상으로 나타나게 됩니다. 그러나 이런 공황증상은 개인에게 고통만 안겨주는 것은 아닙니다. 이를 계기로 자신의 내면에 관심을 갖고, 기존에 고수했던 습관들을 검토하게 되어 자신의 문제를 해결하기도 합니다. 사례자 역시 갑작스런 공황장애의 직격탄을 맞고서야 자신의 삶을 되돌아보게 되었습니다. 즉 왜곡된 가족관계들을 돌아보고서 가족으로부터 정신적인 독립을 선택했습니다. 이처럼 삶의 변화란 외부의 자극 없이 이루어지기 힘듭니다.

　사례자는 오랫동안 "착해야 사랑받을 수 있다"는 '착한 여자 콤플렉스'를 갖고 있었습니다. 특히 가족과의 관계에서 그 정도는 심했습니다. 이런 잘못된 생각은 공황장애라는 병을 키운 결과를 초래했습니다. 이런 배경에는 오랫동안 묵혀온 상처가 있었습니다. 건강하지 못한 가족 관계 속에서 사례자는 폭언과 무시로 고통을 겪어야만 했습니다. 하지만 가족과 갈등을 일으키고 싶지 않았기 때문에 그저 꾹꾹 참기만 했습니다. 이 오래된 내면의 문제가 해결점을 찾지 못하자, 결국 공황장애가 그를 덮쳤던 것입니다. 즉, 모든 사람에게 착하고 완벽한 사람이 되고자 했던 성격이 전반적인 불안 수준을 높이고, 이는 공황장애를 일으킨 원인이었습니다. 이처럼 내면적 문제를 껴안고 자신의 감정을 억압하면 할수록 공황장애에 노출되기 쉽습니다. 다행히도 사례자는 공황장애를 전화위복의 계기로 삼았습니다. 이제는 '착한 여자 콤플렉스'에서 벗어나서 자신을 바로알고 사랑하는 것이야말로 삶의 큰 힘이라는 것을 깨달았습니다.

　한 가지 아쉬운 점은 공황증상이 생기고 5년이 지나서야 약물치료를 시작한 사실입니다. 좀 더 일찍 치료를 시작했다면 고통의 시간을 많이 단축했을 것입니다. 오랫동안 공황증상을 반복하다보면 다양한 공포증상, 우울증상과 합쳐지면서 문제가 더 복잡하고 만성화될 수 있습니다. 그 결과 왜곡된 성격이 고착화되어 대인 관계에서 큰 문제를 일으킬 수 있습니다. 공황장애 치료를 미루어 증상이 오래 지속될 경우, 공황발작이 일어날 만한 상황을 회피하기 위해 외출을 하지 않게 되고, 그 결과 전반적으로 대인관계에서 위축되기 쉽습니다. 또한, 혼자 있는 상황에서 공황발작이 일어나는 것이 두려워 자꾸 남을 찾다보니 결국 지나치게 누군가에게 의존적인 성격으로 변화하기도 합니다. 때문에 공황장애의 조기치료가 얼마나 중요한지를 다시 한 번 강조하고 싶습니다.

뇌가 마음을 움직인다

우리의 마음과 행동의 바탕에는 뇌가 있습니다. 뇌의 명령에 따라 마음과 행동은 움직이기 때문에 뇌를 우리 삶의 사령관이라고 부릅니다. 이렇게 중요한 뇌는 몸무게의 2퍼센트 정도의 무게를 가지고 있지만, 뇌의 에너지 소모량은 20퍼센트에 이릅니다. 그만큼 뇌는 많은 업무를 수행하고 있기 때문에 자칫 스트레스에 노출되기도 쉽습니다.

　공황장애 역시 '뇌'와 관련이 있습니다. 공황장애가 생기면 외부의 위험한 자극을 인식하는 대뇌의 편도(amygdala)라는 부위가 예민한 상태에 있기 때문에 불안한 자극에 대하여 과도하게 반응합니다. 그 결과 예전에는 칼을 봐도 하루 이틀이면 잊어버렸겠지만, 공황장애가 있으면 지속적으로 머릿속에 떠오르고 두려워하게 됩니다. 이렇게 편도가 예민해지면 주위 사람과 사소한 갈등이 생기거나 스트레스를 받을 때 정신적인 충격이 커진다는 것을 유의해야 합니다. 따라서 혹시 자신이 과민하게 반응하는 것은 아닌지 스스로 돌아보는 시간을 자주 가져야 합니다.

많은 연구들이 공황장애 환자의 뇌 구조와 기능에 있어 생물학적인 이상이 공황장애의 증상과 관련이 있다는 증거들을 제시하고 있습니다. 일반적으로 불안증상에 관여한다고 알려져 있는 세 가지 주요 신경전달물질은 노르에피네프린, 세로토닌, GABA입니다. 뇌 내에서 이러한 신경전달물질의 불균형 및 기능장애가 많은 공황장애 환자에서 일어나고 있습니다. 공황장애 환자들이 먹게 되는 약물들은 이러한 신경전달물질의 균형을 유지하여 증상을 경감시키는 데 도움을 줍니다.

 Relax 매순간 자신에게 친절하기

모든 정신건강의 출발은 자신에 대한 사랑이다. 자신에게 친절하고 관대한 사람은 타인에게도 친절하고 관대하다. 나에게 친절하기 위해서 먼저 자신의 가치를 인정한다. 우리는 누구나 그 존재만으로 가치 있고 사랑받을 자격이 있다. 따라서 그 어떤 불안도 나의 가치를 훼손시키지 않음을 믿는다.

anxiety free
18

모든 것이 미치도록 불안했다

김순철

라디오에서 내가 좋아하는 노래가 흘러나왔다. "사랑해선 안 될 게 너무 많아. 그래서……" 진행자의 수다를 듣고 흘러나오는 노래를 따라 부르며 운전을 하고 있었다. 거래처에 갔던 일도 잘 해결되어 기분까지 좋았다. 그즈음 나는 결혼을 앞두고 있었다. 일도 많고 결혼준비도 만만치 않아서 스트레스는 있었지만 사랑하는 사람과 가정을 꾸린다는 사실에 내심 기대감으로 가득 차 있었다.

행복했던 어느 날, 갑자기 쓰러지다

기분이 너무 고조된 탓일까? 차를 운전하고 있는데 갑자기 이상한 느낌이 들었다. 마비증세가 오는 것처럼 몸이 뻣뻣해진 것이다. 나는 서둘러 약국을 찾아 차를 세웠다. '요 며칠 너무 무리했나? 피로회복제라도 먹으면 괜찮아지겠지.' 그렇게 간단하게 생각하고 약국 앞에 차를 세우고 차에서 내리려는데, 그만 그 자리에서 쓰러지고 말았다. 나를 보고 놀란 사람들이 소리를 쳤고 그 중 휴가를 나온 군인이 나를 업고 가까운 병원 응급실로 향했다.

모든 일이 마치 영화 촬영을 하듯이 순식간에 지나갔다. 간신히 정신이 들었을 때는 몇 가지 검사가 끝난 다음이었다. 여기에 왜 와 있는지도 모른 채 누워 있는 나에게 의사 선생님이 찾아왔다.

"PDA라고 동맥관개존증이 진행되고 있습니다."
"동맥관개존증요? 그게 뭔가요?"
"동맥에서 조금씩 피가 폐로 흘러들어 가는 겁니다."
"그럼 어떻게 되는 겁니까?"
"지금 바로 수술을 하셔야 합니다."

그렇게 갑자기 나는 수술을 할 수밖에 없었다. 그것도 회사 거래처에 다녀오던 중 갑자기 당한 일이었다. 그나마 답답함을 동반한 마비증세가 PDA 때문이라는 원인을 알게 돼 다행이었다. 하지만 그것이 훗날 닥쳐올 고난의 신호탄이 될지는 꿈에도 몰랐다.

　몇 주 후 나는 결혼식을 올리고 행복한 결혼생활을 시작했다. 신혼의 단꿈에 빠져 지내던 어느 날, 까마득히 잊고 있던 불안 증세가 다시 나타났다. '아니, 수술을 했는데 재발한 건가?' 불안감에 수술을 했던 병원에 가서 다시 검사를 받아보았다. 의사 선생님은 나에게 지나치게 예민하다고 말씀하셨다.

　"하하, PDA가 재발하는 경우는 거의 없습니다. 주로 신생아에게 많이 나타나는 질환이고 성인에겐 드물게 나타납니다. 수술도 안전한 편이고 합병증이나 재발은 거의 없습니다."

　"그러면 제 증상의 원인은 뭔가요……?"

　나는 여러 가지 검사를 받고 나서야 공황장애라는 진단을 받게 되었다. 뜻밖의 결과였다. 평소에 나만큼 성실하고 계획적인 사람도 보기 힘든데, 왜 나에게 이런 병이 생겼단 말인가. 이해하기 힘들었지만 일단 불은 끄고 봐야 했다. 나는 진단 후 처방받은 약을 열심히 복용했다. 그런데 이상하게 불안증은 더 심해져만 갔다. 신혼에 남편의 병수발을 들어야 하는 아내에게 한없이 미안했다. '빨리 나아야 한다'는 생각이 들면 들수록 더 초조했고 더 불안했다. 노력했는데도 결과가 빨리 나오지 않으니 미칠 것 같았다. 보다 못한 의사 선생님은 입원을 권유했다. '입원하는 게 어쩌면 더 빨리 나을지 몰라.' 하지만 입원생활은 나를 더 힘들게 했다. 특별히 아픈 데도 없는데 하루 종일 병상에 누워 이 생각 저 생각으로 보내다보니 오히려 더 불안하기만 했다. 결국 나는 더 이상 견디지 못하고 퇴원을 했다.

수렁에 빠진 나, 한없이 나약한 나

상황은 점점 더 악화되었다. 집에서 회사까지 운전하는 20분도 견디기 힘들 정도였다. 차가 막히지 않으면 그래도 어찌하여 회사까지는 도착할 수 있었다. 그러나 차가 조금이라도 막히는 날에는 전신에 퍼지는 마비 기운 때문에 출근길에 자주 병원을 가야 했다. 나의 병 때문에 혹시나 회사 일에 지장을 주지나 않을까 안절부절못했다. '내가 정신만 잘 가다듬고 살면 별일 없을 거야.' 번번이 다짐을 해봐도 나의 뇌 회로는 꼬이고 꼬여 갈피를 못 잡고 있었다. 어떨 때는 비행기 속에서 발작을 일으켜 승무원들을 놀라게 하고, 또 배 안에서는 헬리콥터를 불러달라는 소동을 일으키기도 했다.

무엇보다도 미안한 사람은 임신한 아내였다. 아내는 결혼 후 몇 년이 지나도록 임신이 되지 않자 시험관 시술을 통해 어렵게 이란성 쌍둥이를 가졌다. 가끔 아내의 산부인과 진료에 동행을 했다가 갑작스런 마비증세 때문에 아내와 차를 길거리에 두고 경찰차의 도움으로 병원에 간 적도 있었다. 더 위험했던 일은 고속도로에서 일어났다. 고속도로를 달리던 중에 발작증세가 나타나 갓길에 차를 세워두고 만삭인 아내에게 전화를 했던 것이다.

"여보! 나 죽을지도 모르겠어."

"여보! 어디야? 조금만 참아. 내가 금방 갈게."

"아니야, 오지 않아도 돼."

"여보, 옆에 보이는 곳을 말해 봐요."

못난 남편을 만나 고생하고 있는 아내를 생각하니 눈물이 절로 났다. 얼마쯤 시간이 흘렀을까. 택시를 타고 온 아내는 겁도 없이 고속도로 반대방향에 내려서는 중앙분리대를 건너서 내게 오고 있었다. 만삭의 몸으로 위험을 감수하며 오는 아내를 보면서 나는 땅속으로 숨고만 싶었다. '내 인생은 왜 이렇게 꼬이기만 하지. 아내는 무슨 잘못인가. 못난 남편을 만나 저렇게 목숨을 걸고 다니다니!' 나는 아내를 붙잡고 나약해진 나 자신이 억울하고 미워 통곡을 했다. 그리고 아내의 손에 이끌려 다시 병원을 찾았다.

나 자신을 지켜낼 수 있을까?

치료과정에서 나를 지켜낼 수 있는 방법을 찾아야겠다고 생각했다. 그래서 의사 선생님을 믿고 약을 적극적으로 복용하면서 나만의 치유법을 찾기 시작했다.

첫째, 잦은 출장으로 비행기, 배, 기차를 이용할 때는 1~2시간 전에 약을 복용한다.

둘째, 답답함을 없애기 위해 손가락을 주물러주고, 눈과 목 뒤, 얼굴을 마사지하여 긴장을 이완시킨다.

셋째, 장거리 출장이나 여행 시 병원에 가서 미리 상담하고, 필요한 경우 비행기 탑승 전에는 미리 약을 복용하고 안정감을 찾는다.

넷째, 비상약을 준비한다.

다섯째, 컨디션이 좋다고 절대 방심하지 말자. 갑자기 찾아오는 고통을 잊지 말자. 하루를 감사하게 생각하며 아내와 쌍둥이에게 나약한 가장의 모습을 보이지 말자.

여섯째, 최악의 경우라 할지라도 주위에 도와줄 사람들이 많다. 겁내지 말자.

이렇게 나만의 방법을 찾고 나니 두려움이 조금씩 사라졌다. 이제는 아내와 아이들과 함께 외국여행을 다녀와도 큰 문제가 없다. 얼마나 감사하고 행복한 일인지 모른다.

공황장애로 고통 받고 있는 환우들에게 꼭 전하고 싶은 말이 있다. 공황장애의 고통은 말로 표현할 수 없이 힘들다는 것을 잘 안다. 때문에 예기불안을 먼저 치료하라고 말하고 싶다. 자신이 무엇을 할 때 가장 마음이 편한지를 찾아보고, 불안 증세가 찾아올 때 그것을 적극적으로 이용하면 큰 도움이 될 것이다. 마지막으로 자신과의 싸움에서 이길 수 있다는 믿음을 잃지 말라고 전하고 싶다.

 remind

삶이 불확실하다는 것을 인정한다

모든 것을 확실하게 계획하려는 사람들이 있습니다. 확실하지 않으면 걱정이 많아지고 몹시 불안해합니다. 이것이 심해지면 불안 자체가 불안의 원인이 됩니다. 일반적으로 이런 사람들은 꼼꼼하고 신중한 편인데, 이런 성향일수록 공황장애에 취약하기 쉽습니다. 자신의 일에서 완벽해야 하고, 또 이에 따르는 책임까지 감당해야 한다는 강박감이 항상 불안감, 고민 같은 부정적인 감정으로 몰아가기 쉽기 때문입니다.

세상에 확실한 것은 아무것도 없습니다. 또 누구도 완벽할 수 없습니다. 모든 것을 유연하게 바라보고 긍정적으로 생각할 때 불안한 마음도 작아질 수 있습니다.

예기불안을 다루는 법

사례자는 어느 날 갑자기 동맥관개존 수술을 받았습니다. 이 병은 피를 공급하는 동맥이 비정상적으로 열려 있어 혈액이 폐로 흘러가는 것입니다. 보통은 생후 1~2주의 신생아에게 나타나는 질환으로 한 번의 수술로 완치가 가능하며 재발할 위험은 거의 없는 것으로 알려져 있습니다.

그러나 사례자는 뜻밖의 질환으로 스트레스를 많이 받았습니다. 모든 일에 꼼꼼하고 계획적이었던 그에게 이런 상황들은 그를 더욱 예민하게 만들었습니다. 상황이 자신의 통제권을 벗어났다고 판단되면서 불안하기 시작했고, 바로 이런 강렬한 두려움이 그에게 공황발작으로 나타났던 것입니다.

이런 고통스런 상황에서도 사례자는 자신만의 처방전을 만들어서 위기를 잘 극복하고자 노력했습니다. 꼼꼼한 성격답게 '비상용 약 상비하기' '도와줄 사람 알아두기' 등 불안을 다룰 수 있는 자신만의 방법도 습득했습니다. 이것은 그에게 예기불안을 감소시키고 치료 효과를 높이는 데 긍정적으로 작용했을 가능성이 높습니다.

심리학자인 스키너는 '사람들은 처벌보다 보상에 더 반응한다'며 긍정적 강화의 효과를 강조했습니다. 어떤 상황을 개선시키고자 할 때, 따끔한 훈계보다는 격려나 칭찬 같은 긍정적인 자극이 더 좋은 결과를 가져옵니다. 불안을 다룰 때도 긍정적인 자세가 필요합니다. 이것은 '뭐든 잘 될 거야' 하는 막연한 긍정과는 다릅니다. 중요한 것은 구체적인 긍정입니다. 즉 최악의 상황을 최선의 상황으로 바꾸기 위해서 지금 무엇을 준비하고 행동해야 할지를 명확히 알아야 합니다. 사례자 역시 현재의 상황을 단지 비극적이라고만 받아들이지 않고 어떻게든 극복하고자 노력했습니다. 이런 긍정적 강화가 그의 행동을 변화시켰고, 결국 불안도 현명하게 다룰 수 있도록 도와주었습니다.

> 살다보면 어느 날 불쑥 불청객이 찾아옵니다. 공황장애는 나에게 찾아온 불청객입니다. 이 불청객이 찾아왔을 때 무조건 맞서서도 또 무조건 회피해서도 안 됩니다. 내 안의 불안을 친구처럼 잘 다독이면서 천천히 떠나보내야 합니다.

 Relax 나의 감정을 인정하기

심리적으로 건강한 사람은 불안함도 솔직하게 표현한다. 반대로 자신의 불안함을 꽁꽁 숨기는 것은 오히려 건강에 좋지 않다. 나의 감정들(슬픔, 분노, 우울, 불안 등)을 털어놓지 못하고 담아두었을 때 정신적, 육체적 질병을 초래할 수 있다. 감정은 하나의 에너지이다. 따라서 억압하는 게 아니라 출구를 찾아 해소시켜주어야 한다.

anxiety free
19

나를 살린 건 가족이었다

정영자

장마를 동반하고 찾아온 여름이 장마를 뒤따라간 것 같다. 끈질기게 내리던 비가 그치고 나니 투명한 햇살이 살갗에 와 닿는 기분이 상큼하다. 커피를 들고 창가로 다가가 하늘을 쳐다본다. 나는 하늘이 가장 만만하다. 슬플 때나 기쁠 때나 언제라도 쳐다보면 그 자리에 있어주는 하늘. 슬플 때는 슬픔을 달래주며 기쁠 때는 기쁨을 배로 돌려주는 고마운 하늘.

 오랜만에 보는 하늘은 벌써 가을이다. 높고 파란 하늘 저 멀리 커피 향처럼 피어오르는 구름 몇 점이 떠 있다.

아들이 떠난 자리에 병이 찾아오다

화가 뭉크의 '절규'의 모습은 3년 전 나의 자화상이었다. 3년 전 나는 그 전과는 확연히 다른 삶을 살고 있었다. 조그만 일에도 민감하게 열이 나고 얼굴이 벌겋게 달아올랐다. 모든 일에 흥미를 잃어버렸으며 밤에는 쉽게 잠들지 못하는 날들이 계속됐다. '갱년기 증상을 이렇게 심하게 앓는 건가?' 갱년기 증상에 좋다는 영양제도 복용해봤지만 증상은 점점 더 정도를 더해갔다. 잠을 못자니 눈은 항상 충혈 돼 있었고 숨이 막힐 듯한 답답함은 수시로 찾아왔다. 자고 일어나면 한줌씩 빠지는 머리카락과 무기력해진 내 모습은 나조차도 보기 싫을 정도였다.

가끔 거울 속에 비친 내 모습을 보면 예전의 내가 아닌 어느 마녀 할멈이 한 명 들어 앉아 있는 것 같았다. 변해가는 내 모습을 지켜보던 남편은 우스갯소리로 나를 위로하려 했지만 내 귀에는 아무것도 들리지 않았다.

"여보! 아픈데도 없는데 꾀병을 너무 심하게 앓는 게 아니오?"

예전 같으면 기꺼이 농담으로 받아주었을 말에도 나를 찌르는 가시처럼 아프게 들려왔다. 하루하루가 살얼음판을 걷듯 조심스러웠다. 도저히 더는 이렇게 살 수 없을 것 같았다. 고심 끝에 나는 혼자서 병원에 찾아갔다. 나는 우울증을 동반한 공황장애 같다는 진단을 받게 되었다. 의외의 진단에 60년을 살면서 별 황당한 병을 다 겪는다며 대수롭지 않게 생각했다. 나는 잠시 동안 이런 저런 치료를 받고는 그것으로 내 병이 완치가 된 것으로 착각했다.

그 이후 무엇 하나 내 마음대로 되는 일은 없었다. 하나밖에 없는 아들의 해외 발령을 앞두고 나의 공황장애는 다시 시작되었다. 아들은 대형 프로젝트의 책임자로 터키로 발령을 받고 조만간 떠나게 되었다. 처음에는 손자들을 자주 못 본다는 것이 서운했지만 영어공부 정도는 확실하게 해올 것 같아 오히려 잘 된 일이라 생각했다. 아들은 해외로 떠나기 전에 교회에서 선교사 직분을 받았다. 아들이 떠나기 며칠 전 파송예배를 드리는데, 그때 나는 무슬림 국가에서 선교를 마치고 돌아온 어느 선교사의 간증과 영상을 보게 되었다. 그런데 그만 큰 충격을 받고 말았다. 선교를 하다 감옥에 들어가 고문을 받았던 사연이 너무나 잔인했던 것이다.

그날 이후 예전에 나를 끔찍하게 괴롭혔던 증상이 다시 찾아왔다. 몸과 마음이 땅 속으로 꺼져 들어가는 느낌은 마치 지옥과도 같았다. 하지만 아들 내외에게는 내색조차 할 수 없었.

마침내 아들 부부와 손자는 터키로 떠났다. 아들이 떠나고 나자 예전보다 더 강한 증상이 나를 괴롭히기 시작했다. 발작이 시작되면서 멀쩡하던 혈압이 올랐다 내렸다를 반복하며 종잡을 수 없는 상황으로 몰고 갔다. 그렇게 아들이 떠난 자리를 공황장애가 들어앉아버린 형국이었다.

저 노을처럼 아름답게 늙어갑시다

남편은 헌신적으로 간호를 해주었다. 자연을 접할 수 있는 수목원이나 식물원을 찾아가 산책을 하며 예전의 즐거웠던 일들을 떠올리기도 했다.

"여보! 당신 여섯 남매 맏며느리로 씩씩하게 잘 살아왔잖아. 조금만 더 힘을 내. 저기 나무들 좀 봐. 우리보다 나이가 많겠네."

남편은 입맛이 없는 나를 위해 여기 저기 맛집을 찾아다니며 잃어버린 입맛을 찾아주려고 애를 써주었다.

"당신 이거 먹어 봐. 당신이 제일 좋아하는 음식이잖아."

남편은 잠시도 내 곁에서 떨어지지 않고 나를 극진히 보살펴 주었다. 가끔은 한강에서 낚싯대를 드리우고 신혼 초부터 살아온 이야기를 두런두런 하다보면 마음이 편안해지기도 했다. 낚시를 하다가 종종 한강이 노을빛으로 물들어가는 모습을 보곤 했는데, 그 모습이 어찌나 아름다운지 한 장의 그림엽서 같았다. 그럴 때마다 남편은 살며시 내 어깨를 감싸 안아주었다.

"여보, 우리도 저 노을처럼 아름답게 늙어갑시다."

"나도 그러고 싶어요."

나도 그러고 싶지만 내 몸은 내 마음대로 되지 않았다. 그런 날들이 계속되던 어느 날, 잠든 남편의 모습을 보니 갑자기 눈물이 하염없이 쏟아졌다. 날렵했던 젊은 모습은 어디로 가고 나잇살에 커진 덩치와 어느새 주름 잡힌 얼굴은 처량하기 짝이 없었다. 남편은 마치 헤밍웨이의 《노인과 바다》의 주인공 같았다. 작은 배에 몸을 싣고 망망대해에서 갖은 고생 끝에 돌아와 기진 맥진 누워 있는 산티아고 할아버지의 모습. 그의 모습이 남편의 얼굴 위에 실루엣으로 겹쳐 보였다. 남편은 분명 그 노인이었다. 가족들을 부양해야 하는 책임을 다하느라 자신의 모든 힘을 쏟아 부은 남편. 그의 모습은 어느새 주름 많은 늙은이가 되어 있었다.

그리고 지금은 나의 병을 치료하기 위해 모든 것을 불사르는 남편을 보니 가슴속 깊은 곳에서 미안한 마음이 폭풍처럼 올라왔다. 그런 남편에게 얼마나 많은 잔소리를 했던가! 예전 치매를 앓고 있던 시어머니를 수발하면서 받은 온갖 스트레스를 남편에게 거칠게 쏟아내기도 했다.

"당신만 자식이야? 왜 다른 자식들은 나 몰라라 하는데? 왜, 나 혼자 이 일을 감당해야 하냐고."

하늘을 쳐다보며 견딜 수 없는 고통이 몰려올 때는 어쩔 수 없이 남편을 향해 그렇게 악다구니를 쓰기도 했다. 그런데 아들을 해외로 떠나보내고 아파하는 내 모습을 보면서 돌아가신 시어머님의 마음이 비로소 이해가 되었다. 남편은 월남전에 참전했었다. 그 당시 아들을 월남의 전쟁터에 보냈던 시어머님은 얼마나 힘들었을까를 생각하니 새삼 미안한 마음이 들었다. 치매를 앓고 있던 시어머니에게 친지들이 병문안을 오면 나는 효부인 척 연기를 하기도 했다.

"요즘 많이 좋아졌어요. 오늘은 고모도 잘 알아보시네요."
"언니가 고생이 많으세요. 고마워요."

하지만 마음속에서는 나를 힘들게 하는 어머니가 밉고 또 야속하기만 했다. 내가 힘든 것만 생각하고 남편의 마음은 미처 헤아리지 못했었다.

남편의 잠든 얼굴을 바라보며 지나간 일을 생각하니 눈물이 주루룩 흐르면서 가슴에 있던 응어리가 하나하나 풀어져 나왔다.

가슴의 응어리를 풀어내다

남편과 자식들을 더 이상 걱정시키는 엄마가 되고 싶지 않았다. 그래서 처음으로 새벽기도를 시작했다. 힘든 시절도 거뜬히 견뎌낸 내가 아니던가. 그런 내가 회사 일을 잘하고 있는 아들 일을 걱정하며 병까지 앓고 있다는 것이 어리석게 느껴졌다. 이렇게 숨 쉬고 살아 있는 것만으로도 감사한 일이라고 마음을 고쳐먹었다.

한의원에도 가보았고 병원에서 처방해준 약도 꾸준히 복용했다. 남편과 운동도 같이 했다. 치료 중에 아들은 서너 달에 한 번씩 서울에 오는 일이 있었는데 아들이 집에 오는 날이면 저절로 힘이 났다. 오랜만에 아들을 위해 밥을 하고 와이셔츠를 세탁해 다림질하는 일이 세상에 그 어떤 일보다도 즐겁고 행복했다. 결혼한 지 십 년이 넘은 아들을 새삼스럽게 돌보는 일이 마냥 즐거웠던 것이다. 이렇게 일상의 행복을 찾으니 조금씩 완치에 가까울 만큼 좋아졌다.

가족! 참으로 눈물 나게 좋은 말이다. 남편의 따뜻한 말과 정성어린 보살핌, 자식들의 사랑이 없었다면 나는 오늘도 불안과 공포에서 헤매고 있었을 것이다. 그 사랑으로 인해 이제 나는 다시 새로운 삶을 살아간다. 지금은 아주 소량의 약물을 복용하고 있지만 의사 선생님은 재발 방지 차원에서 조금 더 복용해보자고 하셨다.

지난여름 방학 때 잠시 귀국해서 수영장으로 계곡으로 피서를 다니며 추억을 듬뿍 안겨주고 돌아간 손자들이 눈앞에 아른거린다. 아들은 이제 곧 프로젝트를 마무리하고 돌아올 계획이다. 그때까지 나는 더 건강을 회복해서 아들과 손자에게 건강한 어머니, 건강한 할머니가 되고 싶다.

 remind

가족은 심리적 베이스캠프다

느낌과 함께 생각이 겹쳐서 감정을 이룹니다. 이러한 감정은 수없이 다양합니다. 감정은 크게 두 가지로 유쾌한 감정과 불쾌한 감정이 있습니다. 불쾌한 감정은 우울과 불안으로 나눌 수 있습니다. 우울은 이미 일어난 재난에 대한 불쾌한 감정이고, 불안은 앞으로 다가올 재난에 대한 불쾌한 감정입니다. 불안에도 여러 가지 감정이 있습니다. 불안 가운데 실제로 겪는 위험에 대한 어려움을 두려움이라고 표현합니다. 또 실제 하지 않은 상황에 대해서 실제 하는 것처럼 느끼는 어려움을 공포라고 부릅니다.

우울증과 공황장애는 어떻게 다를까?

사례자는 노년기에 찾아오는 주된 정서인 우울감이 공황장애로 발전한 경우입니다. 치매인 시어머니를 보살피느라 마음속에 쌓였던 스트레스가 갱년기 증상과 맞물리면서 불면증과 얼굴에 열감, 무기력 등 정신적, 신체적 변화를 겪었습니다. 그 상황에서 하나밖에 없는 아들이 해외로 파견 근무를 떠나자 결국 그 불안감이 극대화되었습니다. 살아온 세월만큼 그동안 가슴 속에 쌓아두었던 고통들이 노년기에 균형을 잃으면서 쏟아진 것입니다.

우울증과 공황장애는 가까운 관계이지만 증상에 있어 다소 차이가 있습니다. 공황장애는 불안감이 가져다주는 심리적인 공포감이 숨 막힘 등과 같은 신체적 반응으로 나타나고, 우울증은 삶에 대한 의욕이 없는 상태가 지속되면서 무기력한 증상을 보이는 심리적 반응입니다.

공황장애를 가진 사람들 중 약 30퍼센트는 우울증을 경험합니다. 우울증이 공황장애를 의미하는 것은 아니지만 대체로 공황장애를 가진 사람들이 다른 사람들과의 접촉을 기피하거나 외출이 어려운 상황이 지속됨에 따라 이차적으로 생기는 경우가 많습니다. 보통 환자들은 실제로 우울증과 공황장애를 같은 질병으로 인식하는 경우가 있지만 조금 다른 모습을 보입니다.

우울증에 시달리게 되면 자신의 흥미나 즐거움이 없어지고 피로감이 증대되면서 활동성이 극히 저하됩니다. 그 영향으로 자신이 무가치한 존재라는 생각과 미래에 대한 비관적인 생각을 하는 것이 특징입니다. 증상으로는 식욕저하, 자살 생각, 집중력과 주의력 감퇴 등으로 나타납니다. 반면에 공황장애는 일단 공황발작이라는 신체적 증상이 일어나는데, 이러한 발작은 대개 10분 내외로 지속되었다가 사라지고, 이 때문에 우울증과는 확연히 다른 양상을 보입니다.

가족의 도움과 내적인 힘

사례자는 회복과정에서 남편의 헌신적인 도움을 받았습니다. 아무리 좋은 약으로 치료를 하더라도 가족과의 관계가 어려우면 호전되는 데 한계가 있습니다. 다행히 사례자의 경우 남편의 지속적인 지지와 보살핌이 두려움과 불안을 이겨내는 데 큰 도움이 됐습니다.

또한 자신의 마음을 들여다보고 관찰하며 변화시킬 수 있었던 부분에 대해서 큰 찬사를 드리고 싶습니다. 간혹 환자분들 중에는 자신의 병을 주변인 탓으로 돌리는 경우가 많습니다. 그러면서 자신을 변화시키기보다는 다른 대상을 원망하면서 지속적인 스트레스를 받는 경우가 있습니다.

그러나 사례자는 오랜 시간 같이 고생하면서 살아온 남편의 나이든 모습에서 새로운 사랑을 느끼고 다시 자신을 다잡았습니다. 과거 자신을 힘들게 했던 시어머님에 대한 원망도 시어머니의 입장에서 바라볼 수 있는 여유도 가지게 되었습니다. 이런 마음을 치료 용어로 반사기능(reflective function)이라 하는데 환자의 증상이 호전되는 중요한 포인트로 규정하고 있습니다. 또 마음속에 담아두었던 시어머님에 대한 감정을 풀고, 조금씩 환기(ventilation)시켜 응어리를 풀어나간 것도 큰 도움이 되었습니다.

무엇보다 스스로 자신의 생각을 바꾸려는 노력도 인상적이었습니다. 예를 들어 "그동안 힘든 일도 다 이겨왔는데 닥치지도 않은 아들 일 걱정을 왜 하나"처럼 자신에게 던지는 질문은 인지행동치료에서 매우 중요한 것 중 하나입니다. 이런 질문을 통해서 불안의 원천이 되는 걱정을 하나씩 변화시켜나가기 때문입니다.

노년기의 정신건강

나이 들면 점점 자신에 대한 가치감이 적어지기 시작합니다. 이럴 때 노년 우울증이 찾아오기 쉽습니다. 그럴수록 마음의 힘을 다잡는 습관이 필요합니다. 노년기에 동호회에 가입해서 부지런히 활동도 하고, 모임을 통해 여러 사람들과 어울리면서 관계를 가져나가는 것도 걱정에서 벗어나고 긍정적인 마음을 갖는 데에 큰 도움이 됩니다. 노년기 환자들에게 운동과 활동은 매우 중요합니다. 이것을 실천을 하는 분들과 그렇지 않은 분들 간의 예후 차이는 상당히 큽니다. 특히 노년에 찾아오는 우울증과 공황장애는 가족들의 도움이 절실히 필요합니다. 사례자의 경우 심적, 영적으로 의지할 수 있는 종교의 힘도 도움이 되었습니다.

 Relax 불안의 배후에 있는 문제들 알아차리기

현재의 공황장애 뒤에 숨어 있는 다른 문제들을 탐색해본다. 혹시 해결되지 않은 감정적인 문제는 무엇인가? 배우자와의 관계는 원만한가? 부모님과의 갈등은 어떠한가? 아니면 직장에서 일과 사람 때문에 힘들지는 않은가? 그렇다면 이런 문제들이 불안을 조장하는 이유 중 하나일 수 있다.

anxiety free

나는 원본의 나로 살고 있을까?

김미선

어릴 적, 인생은 내 맘대로 될 줄 알았다. 문제를 풀면 언제나 답이 있고 1학년 다음에는 자동으로 2학년이 되는 줄 알았다. 그러나 인생에는 답도 없었고 내 뜻대로 되지 않는다는 사실을 받아들이기까지 오랜 시간이 걸렸다. 모두의 축제날이 나에게는 최악의 기념일이 되고 모두가 웃고 있을 때 나 혼자 울고 있어야만 하는 끔찍한 상황! 나는 그래도 끝까지 기다려야 한다. '이 또한 지나가리라' 하며 주문을 외면서.

벚꽃이 흩날리던 날, 우리는 헤어졌다.

"다 왔어?"

"아니, 차가 너무 막혀서 시간이 좀 더 걸릴 것 같아. 어디 적당한 곳에 있어. 도착하는 대로 전화할게."

남자친구와 벚꽃 데이트를 위해 여의도에서 만나기로 했다. 지하철을 타고 간 나는 제 시간에 도착했지만 버스를 탄 남자친구는 한참이 지내서야 도착할 것 같았다. 여의도는 꽃과 사람으로 인산인해를 이루었다. 활짝 핀 벚꽃 사이로 봄바람이 기분 좋게 불어왔다. 사람들의 행렬을 따라 천천히 걸으며 벚꽃과 사람을 구경하며 남자친구에게 다시 전화를 걸었다.

"어디쯤이야?"

"거의 도착했어. 여기가 어디냐면…… 뚜뚜…….''

"여보세요? 여보세요? 오빠!"

전화 연결 상태가 좋지 않아서 그런가 하고 다시 전화를 걸어보았지만 '연결이 되지 않아 소리샘으로 연결'한다는 안내 음성만 흘러나왔다. 급한 마음에 문자를 보냈지만 문자 역시 재전송 메시지만 떴다. 이렇게 넓은 장소에서 이렇게 많은 사람들이 있는데 나는 어떻게 해야 할지 판단이 서지 않았다.

'어떡하지.' 그 순간 심장이 뛰기 시작하면서 정신이 아득해져왔다. 옆으로 지나쳐가는 사람들의 얼굴이 둥둥 떠다니는 것처럼 보였고 온몸에 한기도 느껴졌다. 길가에 쭈그려 앉아 두 팔을 꽉 움켜쥐고 부들부들 떨고 있는데 마침 전화벨이 울렸다.

"너, 어디 있어? 지금 있는 곳이 어딘지 잘 설명해봐."

간신히 다시 연결이 된 남자친구는 길을 잘 찾지 못하는 나에게 꼼짝하지 말고 있는 곳을 설명하라고 했다. 하지만 나는 무엇을 어떻게 설명해야 할지 모를 정도로 두려움에 떨고 있었다.

"여기…… 그냥 벚꽃이랑 한강이 보이고……"

한 시간을 헤맨 끝에 겨우 남자친구를 만날 수 있었다. 남자친구는 나를 보자마자 반가움에 와락 껴안아주었다. 너무 긴장했다가 만나서인지 참았던 눈물이 왈칵 쏟아져버렸다. 남자친구는 영문을 몰라 무슨 일이냐며 물었지만 조금 전에 겪었던 공포감을 설명할 수는 없었다. 남자친구는 통화량이 폭주해서 전화연결이 잘 안 된 거라면서 나를 이해시켰지만 나는 이미 벚꽃에도 여의도의 야경에도 남자친구에게도 관심이 없었다.

"나 집에 갈래."

"왜 그래. 이제 겨우 만났는데."

언제나 차분하고 논리적인 남자친구는 상황을 정리하고 나를 설득해서 문제를 해결하려고 했지만 나는 아무것에도 관심이 없었다. 다만 죽을 것 같은 무서움의 덩어리가 뒤에서 쫓아와 내 몸을 집어삼킬 것만 같았다. 견딜 수가 없어 달아나고만 싶은데 남자친구는 끈질기게 나를 붙잡았다. 그 상황에서 결국 나는 남자친구에게 매정한 말을 할 수 밖에 없었다.

"우리 헤어져!"

"왜? 내가 또 뭘 잘못했구나! 고칠게 내가 잘 할게."

흔들리는 남자친구의 눈동자를 외면한 채 나는 그의 손을 뿌리치고 미친 듯이 집으로 향했다.

한 아이가 '그 시간'에 머물러 있다

1995년 어느 날, 조명이 켜지고 한 아이가 무대 위에서 노래를 부르고 있다. 손에 땀이 흐르고 등줄기가 오싹하다. 합창대회에서 솔로를 맡은 아이에게 차례가 돌아왔다. 입은 움직이고 있는데 목소리가 나오지 않는다. 누군가 목을 조르고 있고 몸이 차갑게 굳어진다. 머리가 핑 돌고 웅성거리는 소리가 귓가를 휘감는다. 수백 개의 눈빛이 한 아이를 응시했고 조명이 꺼지면서 아이는 어둠 속에 묻혀 흐느낀다.

1997년 겨울, 사춘기 소녀는 아침 9시부터 오후 9시까지 기계처럼 공부했다. 미래의 꿈을 위한 것이라 고생도 즐거웠다. 늘 주변으로부터 부러움의 대상인 그녀. 하지만 IMF 광풍이 집안을 휩쓸고 가면서 누리던 행복들이 신기루처럼 사라져버렸다. 저녁이면 맛있는 간식거리를 손에 들고 퇴근했던 아빠가 그리웠다.

"우리 딸 정말 열심히 하는구나. 아빠는 너를 보고 있기만 해도 행복하다."

"세상에서 제일 예쁜 꽃은 우리 딸이지."

그렇게 자상하던 아빠는 이제 밤만 되면 매일 알코올에 젖은 모습으로 돌아왔다. 매일 반복되는 엄마와의 다툼도 지켜왔다.

주의력결핍장애인 동생의 놀이치료 병원비조차 낼 수 없는 상황이었다. 집은 경매에 넘어가고 자존심이 센 소녀는 그저 공부에만 매달릴 수밖에 없었다. 전교 1등! 성적은 우수했지만 급식비를 낼 수 없는 형편이었다. 학교에 가는 것이 지옥에 가는 것만큼 힘들었다. 선생님이 언제 호출할지 몰라 초조하게 눈치를 보며 하루하루를 버텼다.

 2009년 한 여대생이 있었다. 연합동아리 대표에 별명은 워커홀릭. 하기로 마음먹은 일은 '성공'이라는 결론이 날 때까지 밀어붙였다. 다이어리에는 해야 할 목록이 빼곡히 적혀 있고 일이 없으면 일부러 일을 만들었다. 열심히 살지 않으면 아무런 의미가 없다고 생각했다. 열심히 살고 있는 흔적을 보면 비로소 살아 있다고 느꼈다. 그렇게 휴식 없이 앞으로만 나아갔다. 주변의 사람들은 그런 그녀를 이해하지 못했다. 하지만 그녀는 상관하지 않았다. 무엇이든 할 수 있다는 것이 무기력하게 지내는 것보다 훨씬 더 훌륭한 삶 아니던가. 그녀는 패배라는 녀석과 마주칠까봐 늘 두렵고 불안했다.

 2011년, 한 가지 일을 매듭짓고 나면 다른 일을 시작할 때까지 집에 틀어박혀 꼼짝하지 않는다. 공허한 눈빛으로 거실 천장을 훑는다. 의욕이 생기지 않는다. 인생은 줄타기이고 그녀는 줄을 타는 광대다. 광대는 줄 위에 올라갈 자신이 없다. 줄 위에서는 떨어지느냐 버티느냐의 두 가지 결말만 있을 뿐이다. 꽤 잘 타고 있다고 생각하는 순간에도 '언제 떨어질지 모른다'는 막연한 공포에 시달린다. 그녀는 가장 위험한 곳에서 줄을 타고 있다. 하지만 이제 더는 줄 위에 있을 수 없다.

이제까지 말한 그녀가 바로 나 자신이다. 오랫동안 불안증세로 힘들었던 나는 결국 병원을 찾을 수밖에 없었다.

'나'라는 나, 다 괜찮다

본격적으로 병원에서 상담치료를 시작했다. 나는 내면에 있는 숨겨놓은 이야기들을 하나씩 꺼내놓았다. 태어나서 처음으로 '나'에 대해 이야기하는 시간이었다. 마치 커다란 댐에 조그만 바늘구멍을 내듯 조심스럽게 나의 이야기를 시작했지만 가면 갈수록 나의 이야기는 더없이 커져갔다.

"아무 일도 하지 않고 있으면 불안하고 갑갑해요. 몸을 움직이지 않으면 미칠 것 같아요."

"자신보다 일을 더 많이 사랑하나보죠?"

"이제는 쉬고 싶은데 쉬는 방법을 모르겠어요."

"여가 시간을 잘 보낼 수 있는 취미생활을 찾아보는 게 어떨까요?"

웃다가 울다가 나의 이야기를 많이 하다 보니 어느새 가슴이 뻥 뚫린 것처럼 후련했다. 아주 오랜만에 웃어보는 웃음이었다. 상담이 계속될수록 나는 더 많이 웃음을 찾았다.

그동안 나는 타인의 인정에 매달려서 살아왔던 것 같다. 그렇지 않으면 가치 없는 인생이라고 치부했다. 하지만 그러면 그럴

수록 내 삶에는 내가 없었다. 내가 나를 생각한 적이 얼마나 있었던가! 내가 나를 사랑해주고 칭찬해준 적이 얼마나 있었던가! 그렇게 고독과 나약함을 감추기 위해 나는 단단한 가면을 쓰고 살아야만 했다.

치료를 받으며 예전의 나를 찾아가던 어느 날, 나는 모처럼 마음의 여유를 갖기 위해서 도서관에 들렀다. 도서관에서 책을 보는 시간은 언제나 가슴이 설렜다. 공황장애를 겪으면서 단절되었던 모든 관계들이 다시 살아나는 것 같았다. 그러다 우연히 집어든 한 권의 책은 읽는 내내 나에게 강렬한 느낌을 안겨주었다. 마치 새로운 세상과 조우한 것 같았다. 아무도 나를 위해 울어주지 않으면 내가 나를 위해 울어주면 된다. 이 새삼스러운 깨달음에 갑자기 마음이 설레기 시작했다.

사람은 누구나 '원본'으로 태어난다. 삶의 걱정을 견뎌낼 때마다 원본은 까맣게 칠해진다. 삶의 경험, 지혜 혹은 '나는 이래야만 한다'는 규정들…… 덧칠하고 또 덧칠한다. 어느덧 타인에게 인정받고 사랑받고 이해받고 싶은 욕망은 '내가 만든 규칙들' 안에서 스스로 가두고 옭아맨다. 나는 불행했다. 규칙이나 목표 따위를 달성하는 것은 찰나의 순간이었고 목표를 달성하기 이전의 못난 이를 무척 오래 동안 지켜봐야 했기 때문이다. 강한 척 했지만 여렸고, 착한 척 했지만 나쁜 마음을 먹은 적도 많았고, 상처받지 않은 척 했지만 상처받고 있었던 나. 괜찮다, 다 괜찮다. 내 규칙의

잣대에 스스로를 심판하지 말고 쓰다듬어 주자. 그래, 내 속의 모든 '나'들아, 수고했어. 넌 최선을 다했어. 그 자체로 멋져!

처음 공황장애 증세를 만났을 때 사람들에게 알려질까 봐 얼마나 노심초사했던가! 하지만 지금은 불완전한 나를 인정하고 받아들이니 내 감정에만 휩싸여 있지 않고 상대방을 바라볼 수 있는 여유가 생겼다. 증상은 거짓말처럼 내 안에서 빠져나가고 있었다. 요즈음은 아슬아슬한 줄 위에서 내려와 땅에 발을 디디고 편안하게 살아간다. 물론 가끔 줄 위에 올라가 바들바들 떨고 있을 때가 있다. 하지만 '내려 와!'라고 다그치지 않고 '너, 또 올라가고 있구나!'라며 지긋이 바라본다. 사람은 꽃보다 아름답다. 우리는 존재 자체로 빛난다는 사실을 잊지 않았으면 좋겠다.

'해야 한다'는 마음을 내려놓는다

강박적 성격이란 완벽주의, 정리정돈과 규칙에 몰두, 그리고 정서 및 대인관계에 대한 지나친 통제와 조절 등을 특징으로 합니다. 이 때문에 매사에 융통성과 효율성이 떨어지는 모습을 보입니다. 사례자에게서 이런 강박적 성격을 엿볼 수 있습니다. 매사 완벽해야 한다는 왜곡된 신념은 자신의 감정을 억압하거나 회피하여 일에 몰두하게 했을 것이고, 그 억압되었던 감정이 불쑥불쑥 의식으로 떠오를 때마다 자주 불안을 느꼈을 것입니다.

최고가 되어야 한다는 강박감

사례자는 초등학교 합창대회에서 솔로를 맡을 정도로 뛰어났지만 무대가 주는 긴장감으로 자신에게 맡겨진 부분을 완전히 망쳐버리고 맙니다. 이때 어린 나이에 느낀 창피함은 그녀에게 완벽하지 않으면 안 된다는 강박적 믿음을 갖게 했습니다. 이후 그녀는 다시는 그런 일이 없도록 자신을 가혹하게 길들이기 시작했습니다. 그리고 갑작스럽게 집안에 경제적 위기가 닥치면서 심한 심리적 위축상태를 겪게 되었습니다. 이러한 경험은 어린 나이에 더 높은 책임감을 요구했으며 그 영향으로 항상 남보다 나아야 한다는 강박적 불안감을 갖게 했습니다.

대학생이 된 후에도 '워커홀릭(일 중독자)'이라는 별명을 얻을 정도로 일에 몰두했습니다. 하지만 그것은 일 자체를 위해서가 아니라 최악의 상황에 대한 두려움 때문이었습니다. 성공적인 결론이 날 때까지 자신을 몰아세웠던 겁니다. 이처럼 남들에게 완벽하게 보이는 모습과 두려움과 불안에 시달리던 내면의 모습 사이에서 심한 갈등을 겪었습니다. 결국 '최고가 되지 않으면 안 된다'는 강박적 불안감이 그녀를 공황장애로 몰아갔던 것입니다.

공황발작과 연관된 상실과 분노

공황장애 발생에 선행하는 흔한 사건으로는 중요한 대상의 실재적이거나 상상에서의 상실이나 거절이 있습니다. 또한 더 독립적인 행동이 요구되는 상황들이 선행하기도 합니다. 예를 들어 중요한 대상과의 이별, 졸업, 결혼, 아이의 탄생, 직업에서 무거운 책임 등이 있습니다.

공황장애 환자의 경우 아동기에 중요한 애착, 친밀했던 인물과의 갑작스런 이별 등 그동안 편안하게 형성돼왔던 관계에서 매우 위협적이고 불안한 상황을 경험하면 공황발작이 나타나기도 합니다. 이 같은 상황은 무의식적인 아동기에도 동일한 상황으로 받아들입니다. 아이가 자신의 부모를 무섭고 신경질적이며 지나치게 요구가 많거나 조종한다고 인식하는 경우 부모의 태도에 분노의 감정이 일어날 수 있습니다. 그 분노의 결과로 부모를 잃을까봐 두려워합니다. 즉 아이는 자신의 분노가 부모와의 지극히 중요한 유대관계를 위협하기 때문에 그 영향으로 부모에 대한 의존욕구는 더욱 커지고, 이로 인해 더 큰 좌절과 부모에 대한 분노를 불러일으키게 됩니다. 결과적으로 이 과정은 악순환 됩니다.

공황장애 환자의 경우 정신적인 불편함보다는 신체적인 불편함에 집중하는 경우가 많습니다. 이것은 자신의 의존욕구, 성에 대한 느낌, 분노 등과 관련된 부정적인 정서가 불편하기 때문에 무의식적 또는 의식적으로 피하게 된 결과입니다. 그러나 피한다고 부정적인 정서가 사라지는 것은 아닙니다. 그것은 여러 가지 기전에 의해 신체적인 증상으로 표출됩니다. 때문에 공황발작 시 신체증상을 자신의 분노로 채워진 판타지 속에서 자신에게 처해질 상상의 위험과 연결시키는 작업이 필요합니다. 즉 공황발작과 연관된 상실과 분노의 강력한 정서 상태를 탐색하고 이해하는 것은, 이러한 갈등 감정에 대한 불안감을 감소시키는 데에 큰 도움이 됩니다.

있는 그대로 나를 인정한다

강박적 불안감을 가진 분들은 우선 스스로 자신이 지나치게 완벽주의적인 태도를 가지고 있다는 것 자체를 모르는 경우가 많습니다. 따라서 일단은 스스로에 대한 기준이 너무 가혹하고 높은 것은 아닌지 돌아보는 것이 우선입니다. 스스로의 문제에 대해서 잘 알면, 내가 완벽할 수 없다는 것, 아니 완벽할 필요가 없다는 것을 생각하게 되고, 이러한 생각의 변화 자체가 불안감을 완화시키는 데에 도움이 됩니다.

 Relax 나에게 말 걸기

내가 가장 신뢰할 수 있는 사람은 나 자신이다. 누구도 믿을 수 없어 외롭고 힘들다면 내 자신과의 대화를 시도해본다. '주관적인 나'와 '객관적인 나' 또는 '현재의 나'와 '미래의 나'를 구분해서 대화한다. 이렇듯 자기와의 대화를 통해 나를 더 잘 알게 된다.

에필로그

불안은 사랑으로 치유한다

우리는 그 어느 때보다 풍요로운 시대를 살고 있습니다. 그러나 앞선 여러 사례자들의 생생한 고백에서 보았듯이, 현대인들은 정신적으로 더 불안하고 더 걱정하며 살고 있습니다. 이런 불안과 걱정, 스트레스가 출구를 찾지 못하고 쌓이다보면, 어느 날 갑자기 공황과 같은 극도의 불안으로 표출됩니다.

불안은 나의 욕망과 현실이 충돌하고 있는 상태입니다. 이런 불안한 마음이 잦아들면 우선 나를 위한 시간을 더 많이 가지면 좋겠습니다. 내 마음을 솔직하게 들여다보고, 그것을 인정하는 자세가 나를 사랑하는 첫 출발점입니다. 다소 부족하고 마음에 들지 않더라도 솔직하게 자신의 모습을 인정해줄 수 있어야 합니다. 나는 나로서 가치 있는 존재이기 때문입니다. 내 마음이 불안할 때, 그 불안을 회피하거나 무시하지 않아야 합니다. 불안한 나 자신을 있는 그대로 인정할 때, 비로소 치유가 시작됩니다.

이 책을 통해서 우리는 불안의 두려움을 씩씩하게 이겨낸 분들의 감동적인 이야기를 확인할 수 있었습니다. 투병 과정을 함께 지켜본 저자들도 이들의 이야기에 함께 울고 함께 웃었습니다. 치료를 꺼리다가 오랫동안 고생한 사연을 읽을 때는 더 없이 안타까웠고, 적절한 치료를 받고 호전된 사연을 읽을 때는 안도의 한숨을 내쉬기도 했습니다. 특히 정신건강의학과 의사와 환자는 서로 협력해가는 동반자적 관계임을 확인할 수 있었습니다. 긴밀한 관계를 통해서 불안과 공황을 성공적으로 극복해나갈 수 있기 때문입니다.

이 한 권의 책이 나오기까지 많은 분들의 노력이 있었습니다. 먼저 투병 과정을 솔직하게 보여주신 환우들과 그 가족에게 감사드립니다. 또, 불안과 공황으로 힘들어하는 분들에게 꼭 필요한 내용들을 추려서 전문가의 조언을 더해주시고, 물심양면의 지원도 아낌없이 베풀어주신 대한불안의학회 오강섭 전(前) 이사장과 채정호 현(現) 이사장, 공황장애 투병문학상 심사위원장을 맡아주신 공황장애연구회 유범희 회장을 비롯한 대한불안의학회 회원님들에게 감사드립니다.

공황장애 투병수기 편집위원회 위원장 우종민, 간사 이재헌, 편집위원 구본훈, 구정일, 최홍철, 허휴정 선생님은 이 책을 보다 많은 분들이 읽을 수 있도록 만들기 위해 3년간 열심히 노력했습니다. 가수 김장훈 씨는 추천사를 통해서 개인적인 경험을 나눠주셨습니다. 개인적인 아픔을 예술의 뿌리로 승화시킨 그의 분투에 갈채를 보냅니다. 마지막으로 생각속의집 성미옥 대표가 없었다면, 이렇게 생기 넘치는 책이 나올 수 없었을 것입니다. 모든 분들께 다시 한 번 감사드립니다.

불안한 현대를 살아가는 모든 분들에게 이 책에 소개된 생생하고 따뜻한 사랑의 메시지를 꼭 전하고 싶었습니다. 이 메시지가 불안과 공황으로 힘들어하는 모든 분들에게 큰 희망과 용기를 주리라 믿습니다.

이제는 마음을 보살필 때입니다. 늘 마음이 건강한 삶을 영위해가시기를 기원합니다.

대한불안의학회 산하
공황장애 투병수기 편집위원회

부록

공황장애의 올바른 치료법

공황장애 치료는 크게 약물치료와 인지행동치료, 정신치료와 같은 비약물적 치료로 나눌 수 있습니다. 상황에 따라 두 가지를 병행할 경우 더 좋은 치료효과를 기대할 수 있습니다.

공황장애의 초기 약물치료는 매우 중요합니다. 즉, 증상이 심하거나 자주 출현하여 일상생활에 지장을 초래하는 경우에 약물치료는 가장 효과적인 치료법입니다. 반면에 심하지 않는 경우에는 바로 비약물적 치료를 시작하기도 합니다.

약물치료

치료 약물로는 항우울, 항불안제로 잘 알려진 선택적 세로토닌 재흡수 차단제(selective serotonin reuptake inhibitor: SSRI)가 1차 약물로 사용되며, 신경안정제로 알려진 벤조다이아제핀(benzodiazepine)계 약물 또는 삼환계 항우울제도 치료제로 사용

됩니다.

1. 선택적 세로토닌 재흡수 차단제

우울증 치료제로 널리 알려진 이 계통 약물은 공황장애 치료에도 효과가 있는 항공황 약물입니다. 세로토닌은 중추신경계의 여러 신경전달물질의 중재자 또는 조절자로 알려져 있는 물질인데, SSRI는 이 세로토닌의 재흡수를 차단하여 세로토닌이 그 기능을 충분히 할 수 있도록 도와줍니다.

대표적으로 paroxetine, escitalopram, sertraline, fluoxetine, fluvoxamine 등이 있으며, 개인차가 있으나 최소한 4주 정도 꾸준히 복용했을 경우 충분한 치료 효과를 볼 수 있습니다.

약물 복용 시 소화 장애, 구역감, 식욕 저하, 수면장애 등의 부작용이 있을 수 있으나, 대부분 치료과정 중 적응을 통해 사라집니다. 약물 내성이나 의존은 드물어 장기간 치료에도 사용할 수 있는 약제입니다.

2. 벤조다이아제핀계 약물들

신경 안정제로 알려진 이 계통 약물은 중추신경계의 신경흥분 억제 작용을 일으키는 효과를 나타내며, 대표적 약물로 alprazolam, lorazepam, clonazepam 등이 있습니다.

SSRI에 비해 증상의 빠른 호전을 기대할 수 있는 장점이 있어서 SSRI 효과가 나타나기 전까지 초기에 병용하여 증상을 빨리 완화시키는 데 사용되곤 합니다.

　약물 복용 시 흔한 부작용으로 졸림이 있을 수 있습니다. 따라서 투약 시 전문의의 지시에 따라 복용해야 하며, 운전이나 기계조작을 가급적 금해야 하는 상황도 있습니다. 또한, 약물 의존이나 금단증상도 있을 수 있기 때문에 중단 시에도 전문의와의 상의가 꼭 필요합니다.

3. 기타 약물들

venlafaxine 같은 약물도 치료제로 사용 가능하며, imipramine이나 clomipramine 같은 삼환계 항우울제 등도 효과가 있습니다.

이것만은 기억하세요!

약물치료 효과를 보기 위해서는 필요 용량을 충분한 기간 동안 사용하는 것이 필요합니다. 치료 효과가 나타나도 바로 치료를 중단하지 않고, 최소 1년 정도 약물치료를 유지하는 것이 좋습니다. 간혹 한 가지 약물에 효과가 없을 경우에는 약물들을 교체하거나 병합하여 치료하기도 합니다. 대부분 전문 의약품이기 때문에 치료를 위해서는 전문의의 처방이 필요합니다.

비약물적 치료

공황장애의 비약물적 치료에는 여러 가지 정신치료가 있지만, 대표적으로 '인지행동치료' 와 '정신분석적 정신치료' 를 꼽을 수 있습니다.

1. 인지행동치료

약물치료와 대등한 치료 효과를 가지며, 치료 후 재발을 방지하는 효과도 큰 편입니다.

공황장애에 대한 발병 과정과 증상 등 질병에 관한 정보를 습득하고 이해하는 것을 기초로 하여 공황장애 증상에 대한 환자 스스로의 생각(인지)을 점검하게 됩니다. 공황장애 증상에 대한 환자의 왜곡된 생각을 환자 스스로 찾아 재구성하고, 실제 행동의 변화를 시도하는 훈련이 반복적으로 이루어집니다.

대표적인 인지왜곡은 사소한 신체증상을 잘못 해석하여 공황발작이나 죽음으로 인식하는 것입니다. 인지행동치료를 통해 신체증상을 객관적으로 평가할 수 있도록 재구성하며, 점진적 근육이완요법, 호흡훈련 등을 함께 하여 신체조절에 대한 자신감을 회복하도록 도와줍니다. 그리고 두려운 상황에 대해서는 노출에 대한 단계적 계획을 세워 점진적으로 노출하게 되는데, 이를 통해 신체반응과 증상을 직접 경험하며 회피하지 않도록 하게 됩니다. 인지행동치료는 개별 혹은 집단으로 이루어질 수 있으며, 통상 10회기 과정으로 진행되는 가장 추천되는 치료법입니다.

2. 정신분석적 정신치료

공황장애 발생과 관련된 정신적 스트레스와 불안의 무의식적 의미를 이해하는 과정을 통해 치료가 이루어집니다. 공황장애 증상에 해당되는 부분만을 탐색하기도 하지만, 대개는 전반적인 내면의 고통과 갈등을 다루는 경우가 많습니다. 기간은 환자의 목표에 따라 짧게는 수주에서 수개월까지 다양합니다. 장기 치료의 경우, 공황 불안 외에도 우울감과 같은 정서적인 부분이나 자존감, 그리고 대인관계 등, 다양한 영역의 변화를 목표로 하게 됩니다.

저자 소개

대한불안의학회 2004년에 창립된 불안 및 불안장애를 연구하는 정신건강의학과 의사들의 전문 학술단체로 현재 약 200여 명의 정신건강의학과 의사들이 소속되어 활동하고 있다. 정기 학술세미나와 '불안 선별의 날' 과 같은 행사 등을 통해 늘 국민과 함께 하는 학회를 지향하고 있다. 불안한 현대를 살아가는 국민들에게 힘이 되고, 더불어 불안장애에 대한 인식 제고와 올바른 치료문화 정착을 위해서 늘 노력하고 있다.

- 이사장　　　　　　채정호(가톨릭대학교 서울성모병원, 정신건강의학과)
- 공황장애연구회장　유범희(성균관대학교 삼성서울병원, 정신건강의학과)

- 투병수기 편집위원회
  편집위원장　　우종민(인제대학교 서울백병원, 정신건강의학과)
  편집간사　　　이재헌(성균관대학교 강북삼성병원, 건강의학본부)
  편집위원　　　구본훈(영남대학교의료원, 정신건강의학과)
  　　　　　　　구정일(구정일 정신분석클리닉)
  　　　　　　　최흥철(H+ 양지병원, 정신건강의학과)
  　　　　　　　허휴정(가톨릭대학교 서울성모병원, 정신건강의학과)

불안한 당신에게

초판 1쇄 발행　2013년 11월 25일
초판 3쇄 발행　2018년　1월 25일

지은이 | 대한불안의학회　펴낸이 | 성미옥　펴낸곳 | 생각속의집

출판등록 | 2010년 5월 18일 제300-2010-66호
주소　 | 서울시 종로구 명륜1가 5-137 201호
전화　 | (02) 318-6818　팩스 | (02) 318-6613
전자우편 | houseinmind@gmail.com

ISBN 978-89-965253-5-6　03180

- 책값은 뒤표지에 있습니다
- 잘못된 책은 구입하신 서점에서 교환해 드립니다.